# CLYFFORD STILL

# CLYFFORD STILL

(1904–1980)

Die Sammlungen
der Albright-Knox Art Gallery, Buffalo,
und des
San Francisco Museum
of Modern Art

Herausgegeben von Thomas Kellein

Mit Beiträgen von
Michael Auping, Thomas Kellein, Susan Landauer
und Patricia Still

Prestel-Verlag

Dieses Buch erschien anläßlich der Ausstellung
›Clyfford Still: Die Sammlungen der Albright-Knox Art Gallery, Buffalo,
und des San Francisco Museum of Modern Art‹
in der Kunsthalle Basel vom 26.1.–22.3.1992.



Photonachweis siehe S. 172

Auf dem Umschlag:
Clyfford Still, Oil on canvas, 1957; Kat. 56

Frontispiz:
Clyfford Still, 1951; Photo Hans Namuth

Übersetzungen aus dem Englischen:
Ingrid Hacker-Klier (Biographie) und
Wolfgang Himmelberg (Auping, Landauer)

Die Deutsche Bibliothek – CIP-Einheitsaufnahme:
**Clyfford Still**: (1904–1980); Die Sammlungen der Albright-Knox
Art Gallery, Buffalo, und des San Francisco Museum of Modern Art;
[anläßlich der Ausstellung »Clyfford Still, Die Sammlungen
der Albright-Knox Art Gallery, Buffalo, und des San Francisco
Museum of Modern Art« in der Kunsthalle Basel vom 26.1.–22.3.1992]
hrsg. von Thomas Kellein. Mit Beitr. von Michael Auping . . .
[Übers. aus dem Engl.: Ingrid Hacker-Klier und Wolfgang Himmelberg]
München: Prestel, 1992

Satz: Gloor Satz Repro GmbH, München
Reproduktionen: Karl Dörfel Repro GmbH, München
Druck und Bindung: Passavia Druckerei GmbH, Passau

ISBN 3-7913-1198-0 (deutsche Ausgabe)
ISBN 3-7913-1187-5 (englische Ausgabe)
Printed in Germany

# Inhalt

# Vorwort und Dank

Seit 1988 besteht der Wunsch in Basel, die großartigen Bilder Clyfford Stills aus den Sammlungen in Buffalo und San Francisco reisen zu lassen, um sie ein Mal und ausnahmsweise in Europa zu zeigen. Es ist in erster Linie der Witwe des Künstlers, Patricia Still, zu verdanken, daß dieser Wunsch nun in Erfüllung geht und daß damit nach mehr als einem Jahrzehnt wieder eine größere Ausstellung mit Still zustande kommt. Für die Schweiz, für Spanien oder die Niederlande ist es die allererste Präsentation seines Werks überhaupt, denn Clyfford Still ist in Europa bisher nicht gezeigt worden.

Wir danken allen, die zum Gelingen dieses Vorhabens beigetragen haben, insbesondere den Hauptkonservatoren der Museen in Buffalo und San Francisco, Michael Auping und John Caldwell. Susan Landauer ist für ihren Textbeitrag zu danken. David Anfam verdient eine besondere Erwähnung, weil seine langjährige Forschungsarbeit zu Still ein Meilenstein für das Studium des Werkes darstellt. Dank gebührt auch Kasper König für die sehr großzügige Bereitstellung aller Dokumente, die er bei seinen Recherchen für eine geplante Ausstellung mit Clyfford Still um 1975 zusammengestellt hat.

*Thomas Kellein*
Kunsthalle Basel

*María de Corral*
Museo Nacional
Centro de Arte Reina Sofia, Madrid

*W. A. L. Beeren*
Stedelijk Museum, Amsterdam

*Douglas G. Schultz*
Albright-Knox Art Gallery, Buffalo

*John R. Lane*
San Francisco Museum of Modern Art

1 Clyfford Still in seinem Studio in der Nähe von Westminster, Maryland, Juni 1973 (Photo Sandra Still)

*Thomas Kellein*

# Der Weg zum Bild von Clyfford Still

*Es war wie eine Reise,*
*die man unternehmen muß,*
*allein, zu Fuß*
*und immer geradeaus.*

Clyfford Still, 1. Januar 1959

## I **Die Rezeption**

In Europa ist Clyfford Still, den das Metropolitan Museum of Art in New York bei seiner letzten Ausstellung 1979 als die größte Herausforderung von seiten der amerikanischen Künstlerschaft eingestuft hat[1], noch immer ein Unbekannter. 1958, bei der erstmaligen Präsentation der ›Neuen Amerikanischen Malerei‹ in der Kunsthalle Basel, war er mit sechzehn seiner Kollegen durch vier kleinere Werke aus der Zeit von 1949 bis 1951 vertreten.[2] Immerhin gelangte ein repräsentatives Großformat von ihm bereits im folgenden Jahr in die Öffentliche Kunstsammlung Basel (Abb. 2). Doch nicht seine, sondern Jackson Pollocks Kunst ergänzte die Europatournee der ›Neuen Amerikanischen Malerei‹ mit einer Einzelschau von sechzig Werken, die das Gefühl eines revolutionären Neubeginns in der Malerei vermittelten. Während man die Bilder von Sam Francis, Franz Kline, Willem de Kooning, Barnett Newman oder Mark Rothko im Verlauf der sechziger und frühen siebziger Jahre in verschiedenen europäischen Kunsthäusern umfassend kennenlernen konnte, blieb Still ein Geheimtip und zählte erst spät zu den erstrangigen Desideraten in der Ausstellungswelt. In den USA vertrat er durch seine künstlerische Haltung und seine Worte weit stärker noch als Pollock die sprichwörtliche Ablösung der Amerikaner von Europa. ›Im letzten Jahrzehnt ist es immer deutlicher geworden, daß sich das Zentrum verschoben hat: New York, und nicht Paris, wird zur Hauptstadt avantgardistischer Malerei‹, schrieb Kenneth B. Sawyer einleitend in der Serie ›U.S. Painters Today‹, die das New Yorker ›Art News Annual‹ im Jahr 1960 mit Clyfford Still begann.[3] Er verkörperte seit den frühen vierziger Jahren die Attitüde der kulturell allein auf das Selbst des Künstlers bezogenen Autonomie: ›Man muß totale Verantwortlichkeit übernehmen für das, was man tut‹, war auch im Basler Katalog von 1958 gleich eingangs als Äußerung Stills zu lesen.[4] Doch erst ein knappes Jahrzehnt darauf bemühte sich Arnold Rüdlinger, der in Basel 1962 Rothko, 1964 Kline, 1966 David Smith und 1965 bereits eine jüngere Generation amerikanischer Kunst gezeigt hatte, um eine erste Übersicht mit Werken Stills.[5] Sie kam nicht mehr zustande, weil Rüdlinger im Herbst des Jahres 1967 verstarb. Vier Jahre später erhielt Still ein Ausstellungsangebot aus Paris, das aus unbekannten Gründen ebenfalls nicht verwirklicht wurde.[6] 1974 und 1975 schließlich bereitete Kasper König von New York aus für die Kunsthalle Bern eine Präsentation vor, die von Still gebilligt wurde und eine Publikation zu seinen Werken in öffentlichen und privaten Sammlungen einschließen sollte.[7] Doch dieses Projekt scheiterte aus finanziellen Gründen, und zahlreiche weitere, wiederum vergebliche Bemühungen von Museumsdirektoren und Kunsthallenleitern im Verlauf der siebziger Jahre prägten nach Aussagen der Witwe Patricia Still die nachgelassene Korrespondenz des Künstlers.

Wie kein anderer hat sich Still dem Ausstellungswesen letztlich versagt, um sehr wenigen, von ihm persönlich ausgewählten Häusern umfassende Werkgruppen zu übereignen. 1964 stiftete er der Albright-Knox Art Gallery in Buffalo eine repräsentative Auswahl von 31 Werken, 1975 folgte die Schenkung von 28 Werken an das San Francisco Museum of Modern Art. Nach seinem Tod kamen 1986 zehn Gemälde für das New Yorker Metropolitan Museum hinzu, mit denen die Witwe das Andenken an die erwähnte Ausstellung von 1979 durch einen Clyfford-Still-Raum im neueröffneten Flügel für die Kunst des 20. Jahrhunderts wachhielt. In den beiden anderen Häusern formten die von Still persönlich zusammengestellten Kollektionen jeweils bedeutende Sammlungen in der Sammlung: Seit 1966 kann Buffalo, im Anschluß an die dortige große Museumsausstellung von 1959, die sich aus immerhin 72 Gemälden allein aus Stills Besitz zusammensetzte und vom Künstler persönlich eingerichtet worden war, ein Museum im Museum

2 **1957-D No. 2**, Öl auf Baumwolle, 289 x 408 cm
Öffentliche Kunstsammlung Basel, Kunstmuseum, Schenkung der Schweizerischen National-Versicherungs-Gesellschaft, 1959

vorweisen. In San Francisco, wo Still 1943 erstmals öffentlich ausgestellt und von 1946 bis 1950 an der California School of Fine Arts gelehrt hatte, ist für seine ähnlich große Stiftung ein Gebäudetrakt bereitgestellt und mit aufklappbaren Wänden ausgestattet worden, der seine großformatigen Leinwände in einer permanenten Ausstellung zugänglich hält. Auch im Neubau des Museums durch Mario Botta sind spezielle Räume für die Bilder vorgesehen. Einige öffentliche und private Sammlungen, beispielsweise das Hirshhorn Museum in Washington, D.C., die sich um eine ähnliche Schenkung zum Zweck der Dauerpräsentation bemühten, wollten die Bedingungen des Künstlers nicht erfüllen[8]; andere Häuser, auch in Europa, konnten oder sollten nicht bedacht werden.

Clyfford Still, der seit 1961 außerhalb der Kunstmetropole New York zurückgezogen in Maryland, zuerst in der Nähe von Westminster und dann in New Windsor malte, eine gute Autostunde nordwestlich von Baltimore entfernt, mied den geselligen Kontakt mit der Kunstszene, reiste und korrespondierte jedoch gern. Nur selten traf er alte Kollegen der sogenannten New York School wieder, und mit Kritikern gab es auch ohne persönliche Begegnungen oftmals gravierende Zerwürfnisse.[9] Galeristen konnten von 1951 an bis zu seinem Tod im Jahr 1980 nur noch ein einziges Mal mit ihm ein Zweckbündnis schließen, wodurch 1969 bei Marlborough-Gerson in New York erstmals wieder in größerem Umfang auch Papierarbeiten von Still zu sehen waren. Doch ein Buch über den Maler und Zeichner existiert bis heute nicht, und nach den New Yorker Ausstellungsdebüts mit Peggy Guggenheim oder Betty Parsons (Abb. 4) zwischen 1946 und 1951 sind im Verlauf von knapp drei Jahrzehnten nicht mehr als sechs Kataloge erschienen.[10] Diese Publikationen wurden mit seinem Einverständnis gestaltet und waren stets mit einer autorisierten Biographie versehen, die grundsätzlich zweierlei vermerkte: Stills frühes und tiefes Kunstinteresse und seine große persönliche Unabhängigkeit von speziellen Einflüssen, Personenkreisen und Schulen.

Dem Prinzip der rigorosen Auswahl und Beschränkung in der Öffentlichkeit – bis heute haben weniger als 180 Werke das Atelier verlassen – steht der Nachlaß Stills gegenüber, das Lebenswerk, das mehr als 750 Ölbilder und 1459 Arbeiten auf Papier zählt. Dieser Schatz, der darauf wartet, eines Tages in ein Künstlermuseum einzugehen, ist bis heute außerhalb von Stills Familie niemandem im Original bekannt.[11] Ein Haus für die Sammlung, das analog zum Pariser Musée Rodin einem großen Amerikaner huldigen könnte, wurde noch zu Lebzeiten nach dem Willen des Künstlers ins Auge gefaßt. Bis heute hat sich jedoch keine amerikanische Stadt und kein Finanzierungsmodell gefunden, um das Vorhaben zu verwirklichen. Das Gebäude für die Kunst Clyfford Stills soll architektonisch schlicht und der Funktion nach möglichst autonom sein, ein Behälter, der ganz dem Œuvre gewidmet und weder mit elektronischer Unterhaltung noch mit Cafeteria oder Giftshop ausgestattet sein darf, wohl aber mit einem Studiensaal, einem kleineren Ausstellungsraum und einer Restaurierungsabteilung. Bislang sind diese Pläne immer wieder an der Unabhängigkeitsidee gescheitert, wie sie Still auch testamentarisch festgelegt hat. Kein bereits bestehendes Museum dürfte diesen Künstler nach dem Tod den eigenen Zwecken unterordnen, nachdem auch zu Lebzeiten nur dann mit ihm ein Einvernehmen zu erzielen war, wenn seine Bilder geschlossen, von den Werken anderer Künstler getrennt gezeigt wurden und man auf ihre Ausleihe, ihren Wiederverkauf oder auf unabgesprochene Experimente mit ihnen verzichtete.

3 Clyfford Still, November 1972 (Photo Sandra Still)

Seit der vom Museum of Modern Art und Arnold Rüdlinger organisierten Ausstellung ›Neue Amerikanische Malerei‹, die 1958 von Basel aus nach Mailand, Madrid, Berlin, Amsterdam, Paris und London wanderte, seit der zeitgleichen Vorstellung der Privatsammlung von E. J. Power mit Werkgruppen Pollocks, de Koonings, Klines, Rothkos und Stills im Londoner ICA sowie der zweiten ›documenta‹ von Werner Haftmann 1959 hat Still unter Kennern in Europa sehr viel Bewunderung erfahren. Auch in der Schweiz war man sich bewußt, daß von dem Ankauf je eines Bildes von Kline, Newman, Rothko und Still aus den Mitteln der Basler National-Versicherungs-Gesellschaft auf Sammler, Händler und Museumsbeamte überall in Westeuropa eine rückwirkende Kraft ausgehen werde.[12] Rüdlinger beschrieb in seiner Basler Eröffnungsansprache den »modernen Existentialismus« der Amerikaner und verglich die »unendlichen Weiten der Prärien und Wälder« mit der beeindruckend »blanken Nacktheit der Riesenleinwand«.[13] Wenngleich damals und später Pollocks ›Dripping‹ in zahlreichen Illustriertenphotographien und im Film weit stärkere Präsenz besaß und sich der von Harold Rosenberg geprägte Begriff des ›Action Painting‹ allenfalls noch auf de Kooning, nicht aber auf Stills wohlüberlegte Technik mit dem Palettmesser anwenden ließ, galt dennoch vorrangig diese Malerei als Inbegriff der evokativen, kaum beschreibbaren, emphatisch raumbezogenen Großformate des Abstrakten Expressionismus. Während Pollock, de Kooning und auch Motherwell bekanntlich die gestische und informelle Seite der New Yorker Malerei vertraten und Newman, Rothko und dann Reinhardt mehr und mehr als Vorläufer des Color Field Painting und des Hard Edge gewertet wurden[14], ruhte Still gleichsam in sich selbst und wies auf eine kolossale Leistung ohne greifbares Stilwollen zurück, die die überragende Stellung der amerikanischen Malerei in der Weltkunst für viele Jahrzehnte zu behaupten versprach.

Die meist zögernde Erwerbungspolitik der europäischen Museen folgte dieser Einschätzung nicht. Während von Pollock und Rothko bis zu Beginn der siebziger Jahre rund zehn Bilder in öffentlichen Besitz gelangten, von de Kooning acht und von Newman sechs, sind es von Still bis heute nur vier geblieben. »Der zurückhaltende Abstrakte« wurde er bereits 1963 in der amerikanischen ›Time‹ genannt[15], und die stereotype Frage vor seinen

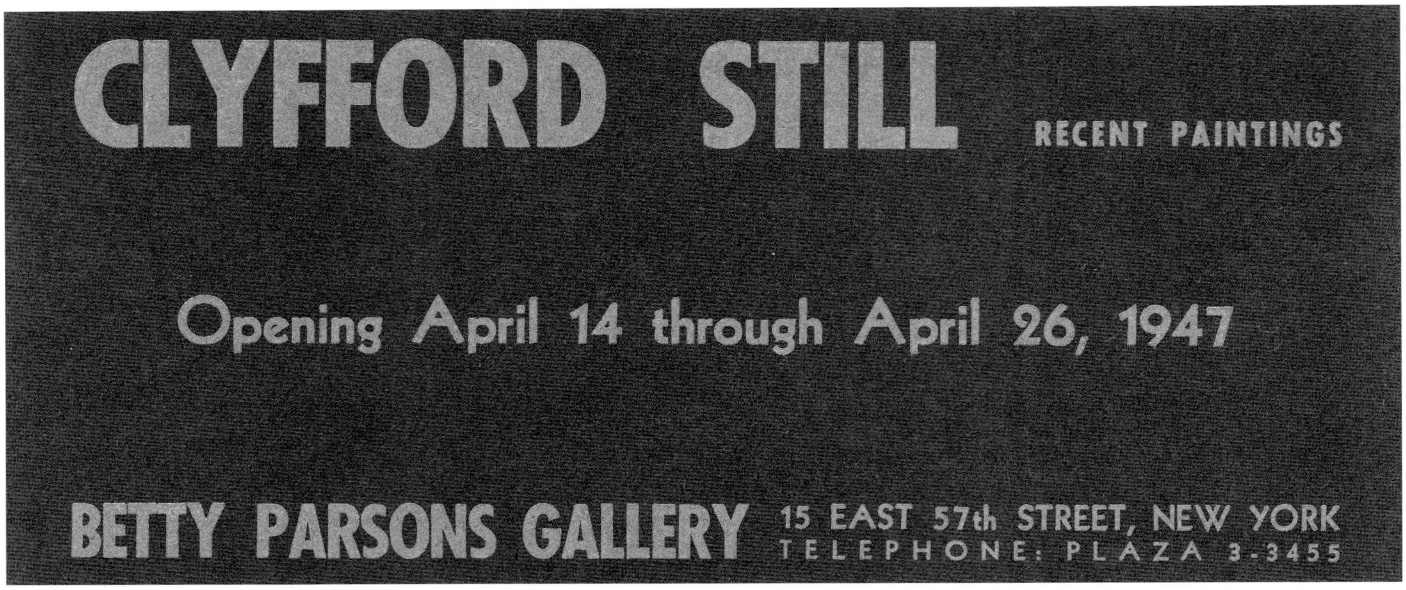


Gemälden – es scheint diejenige eines Sammlers gewesen zu sein – »Mr. Still, was wollen Sie damit sagen?«, veranlaßte den Künstler angeblich, sogar einen Kaufinteressenten bei sich zu Hause hinauszuwerfen.[16] Selbst David Anfam, der zwanzig Jahre später in London die bislang einzige Dissertation zu Still vorlegte, konnte lediglich respektvoll weitergeben, daß der Künstler auch in den letzten Lebensjahren keine Bereitschaft zeigte, sich mit einem Studenten über seine Bilder auszutauschen.[17] Robert Hughes' Polemik von 1979, anläßlich der großen New Yorker Retrospektive ein knappes Jahr vor Stills Tod, liest sich demnach wie eine Abrechnung mit dessen sprichwörtlich gewordenem Verhalten. Während der vergangenen Jahrzehnte habe Still den Ruf des »Coriolanus der amerikanischen Kunst« besessen:

> »Kein anderer lebender Künstler hat so lauthals seinen Abscheu vor der Kunstwelt als einem System kundgetan. Keinem anderen ist es gelungen, das Schicksal seines Werks unter so strenger Kontrolle zu halten.«[18]

Stills Ambition und Thematik seien wagnerianisch, seine Mission imperial und seine Einschätzungen der Kunstwelt ließen die Äußerungen des Ayatollah gegenüber dem damaligen Schah von Persien als nahezu schmeichelhaft erscheinen. Zu seiner Malerei hieß es bei Hughes im gleichen Atemzug, daß die Farben zur Wiederholung tendierten, die Zeichnung plump sei und die Oberfläche ungehobelt. In Stills visueller Sprache erschienen Starrsinn und Gezwungenheit, so daß man zumindest in Europa an seine schottische Herkunft denken müßte. Lobend und anerkennend hob Hughes jedoch hervor, wie früh und bestimmt der Maler seinen Weg gebahnt habe: Er sei ein Künstler von »monolithischer Solidität«.

## II **Die Persönlichkeit**

Diese fast unglaubliche Konsequenz, Stills stetige Arbeit an »einem Bild«, hat das Urteil der Zeitgenossen am meisten geprägt. Wer Still nahe kam, ob als Kunstliebhaber, als Sammler oder als Student, wurde ihm freiwillig oder unfreiwillig ein Stück weit ähnlich; stolz, eigensinnig, unnahbar, aber von der Scheu vor der selbstgesetzten Aufgabe erfüllt, die darin bestand, ein großer Künstler zu werden und die eigenen Werke mit einer vorbehaltlosen Hingabe zu schaffen. »Von frühester Jugend an war sein ganzes Leben der Praxis und dem Studium von Kunst gewidmet«, trug Patricia Still 1959 in einer ersten Katalogbiographie für ihn ein.[19] Es war aus Sicht der Kunstgeschichte anscheinend nirgends erlaubt, den Maler damit in Ruhe oder allein zu lassen. Immer wieder wurde versucht, große, greifbare Wurzeln für Stills überdeutlichen Autonomiebedarf freizulegen. Thomas B. Hess, der Herausgeber von ›Art News‹, schrieb dazu bereits 1952, der Gegenstand in Stills Bildern sei nahezu ganz die Idee. Die einzig möglichen visuellen Assoziationen beim Betrachten der Werke lägen »in den weiten, horizontlosen, ›egozentrischen‹ Ebenen des mittleren und südlichen Westens« der USA.[20] Seitdem wurde an Still immer wieder das »Dramatische« und später das »Nordische« hervorgehoben, wie es der junge Robert Rosenblum schließlich mit einer literarischen Beschreibung der Niagara-Fälle in Verbindung brachte. Rosenblum hatte Stills Ausstellung 1959 in Buffalo als Inbegriff jenes »Abstract Sublime« charakterisiert, das sich seit dem 19. Jahrhundert gegen das »Schöne« aus Frankreich anzubahnen und in der New Yorker Nachkriegsmalerei zu kulminieren schien.[21] Doch nicht nur die Annahme einer prägenden Landschaftserfahrung – Still wuchs freilich

4 Einzelausstellung in der Betty Parsons Gallery, New York, 14.–26. April 1947

im äußersten Nordwesten der USA und zeitweilig in Kanada auf –, sondern auch das Verhalten des Künstlers wurde gern zu scheinbar entlarvenden Erklärungen herangezogen. Seine streitbare Persönlichkeit und sein reizbarer Charakter haben beispielsweise Rudi Blesh in seinem reißerischen Buch ›Modern Art USA. Men, Rebellion, Conquest. 1900–1956‹ dazu animiert, Still eine notorische Aggressivität und Bitterkeit nachzusagen, die als prägende Kräfte die zerstreuten Formen und die Weite seiner Bilder hervorbringen würden.[22]

»Er versetzt den hungrigen Hunden Fußtritte und macht dann weiter mit den Museen, Kunsthändlern, Sammlern und dem ganzen Publikum.«[23]

Blesh behauptete, daß sich Still als Märtyrer fühle und dazu verdammt sehe, von der Gesellschaft unter allen Umständen auf dem Scheiterhaufen verbrannt zu werden. Doch nicht diese Einschätzung machte den Künstler berüchtigt, sondern erst sein Brief an den Museumsdirektor Gordon M. Smith in Buffalo, der im Ausstellungskatalog von 1959 veröffentlicht war. Er enthielt, anknüpfend an ein Zitat von William Blake, die Todesdrohung:

»Möge kein Mensch die tiefere Bedeutung dieses Werks oder seine lebenspendende Kraft unterschätzen – oder seine todbringende, falls es mißbraucht wird.«.[24]

Neben den Beschreibungen der unwirtlichen, unbarmherzigen Landschaft, der Still entstammte, und seiner schwierigen Persönlichkeit, die man seit den späten fünfziger Jahren weithin fürchtete, gab es relativ wenige Versuche, auch kunstgeschichtliche Vorgaben zu seiner Arbeit dingfest zu machen. Mit dreißig Jahren hatte Still über Paul Cézanne eine Prüfungsarbeit geschrieben und seit seinem 29. Lebensjahr nahezu regelmäßig an verschiedenen Kunsthochschulen in den Bundesstaaten Washington, Virginia, Kalifornien, New York und Colorado unterrichtet. In Manhattan war er 1948 maßgeblich an dem Versuch beteiligt, die Kunstschule unter dem Namen ›The Subjects of the Artist‹ an der 8th Street zu gründen.[25] Seine veröffentlichten Notizen und Statements lassen das Bewußtsein erkennen, daß die Kunstgeschichte einem Maler nicht als Selbstbedienungsladen zur Verfügung stehen kann. Die »Sicherheit«, die von der Tradition ausgeht, schrieb er 1952 in seinem Katalogbeitrag für die MOMA-Ausstellung der ›15 Americans‹, sei »eine Illusion, banal und ohne Mut«. Doch nicht die Zuhilfenahme von Vorbildern, die für ihn persönliche Feigheit implizierte, fürchtete er, sondern die Vermittlungsversuche von Kunsthistorikern und Kritikern. Denn der Körper der Geschichte war durch sie zu einem totalitären und hegemonialen Gebilde aus »Dogma«, »Autorität« und »Tradition« angewachsen. Diese Art von Tradition verachtete er, ihre Voraussetzung bei der Werkbetrachtung wies er zurück.[26]

Gleichwohl hat Still gewisse Einflußnahmen auf sein Werk auch nicht schlechthin geleugnet. Zu seinem großformatigen Bild **1960-R** schrieb er, er hätte, als er jung war, Landschaften der Prärie mit den Menschen und den Maschinen gemalt, mit denen sie ihren kümmerlichen Lebensunterhalt einer dünnen Humusschicht entrissen. Diese vom biographisch-persönlichen Horizont aus determinierte Äußerung stellte den aufrechten Standpunkt des Menschen als fundamentale Lebensäußerung an den Anfang von Kunst und Leben:

»Denn in einem solchen Land muß der Mensch aufrecht stehen, wenn er leben will. Selbst wenn er die einzige aufrechte Gestalt in der Welt um ihn herum ist.«[27]

Die aufsteigende Vertikale sei der »kategorische Imperativ« seiner Leinwände geworden, erklärte er. Es erscheint von daher plausibel, daß man Still eine »gotische Vorstellung« nachgesagt hat.[28] Irving Sandler artikulierte die prinzipiell gleiche Metaphorik des Aufstrebens zu Himmel und Licht in der ›New York Times‹ mit seiner Überschrift »Emerging from Eclipse« (»Auftauchen aus der Finsternis«).[29] Wo aber, historisch gesprochen, lag die Erde, auf der die gotische Kathedrale errichtet, oder das Dunkel, aus dem zum Licht geführt werden sollte?

Still hätte seiner Persönlichkeit wegen vielleicht ein Thomas Hart Benton wider die Kollegen der New York School werden können, antiintellektuell, professoral, um den weiten Westen »als den am wenigsten provinziellen Teil Amerikas«, d.i. »am wenigsten beeinflußt von Ideen, die von intellektuellen Dogmen abhängen«, zu propagieren, wie Benton 1935 in der Zeitschrift ›Art Front‹.[30] Still aber hob hervor, daß seine frühen Bilder anstelle der Physiognomie von Landschaft, des Menschen oder der Maschine die Luft und das Licht festzuhalten versuchten.[31] Das bezeugt der aufrecht gehende Adam auf seinem Bild von 1934 (Tafel 34) in San Francisco. Die zweite Vermutung, die sich aufdrängt, führt in die antipolitische Landschaftsthematik der dreißiger Jahre hinein, in das Werk von Benton, Grant Wood und anderen. »Regionalismus hätte sein Metier sein müssen«, schrieb David Anfam sehr klar über Still und verwies auf seinen Aufenthalt im nordwestlichen Bundesstaat Washington von 1933 bis 1941.[32] Vor dieser Zeit sind mehr als 175 Werke entstanden, die wir nicht kennen. Anscheinend erst, nachdem Still das 30. Lebensjahr erreicht und zu lehren begonnen hatte, haben sich seine künstlerischen Absichten verdichtet. Die Werke von 1934 und 1935 sind oftmals nur 25 Zentimeter hoch und 20 Zentimeter breit. Still hat sie auf die Leinwand von Fensterrollos gemalt. Sie zeigen Landarbeiter auf dem Feld oder bei einem geschlachteten Rind und erinnern so bisweilen an die Werke Chaim Soutines. Daneben hat er Großstadtphysiognomien porträtiert, die man entfernt von den Bildern Ben Shans her kennt. Das im Sommer 1934 entstandene Gemälde des nackten Mannes, das das älteste Bild in einer öffentlichen Sammlung darstellt, wurde von einer kleinen Studie vorbereitet **(PH 652)**, die den Adam in einer steifen, stoischen Haltung herausschälte, wie er entschlossenen Schrittes auf dem Feld marschiert und die Augen geradeaus gerichtet hält. Stehende, vereinzelte Figuren, deren Körperlinien und Gesichtszüge von Picasso oder Modigliani beeinflußt sein könnten, beschäftigten Still in den Folgejahren. Doch zunächst malte er das Bildnis des aufrechten Mannes in der für seine damaligen Verhältnisse appellativen Größe von 146 x 81 Zentimetern. Überall in den gelängten Proportionen, in den Armen, Beinen, Händen und im Kopf, drückte sich die beschriebene Vertikalität aus, wie sie Still als Lebenszeichen wichtig war. Sie wurde in darauffolgenden Bildern, die den Adam als Vater, als Mann oder als Jungen mit verschiedenen Frauengestalten in Beziehung setzten, mehrfach relativiert. So wenig die aufrechte Figur auf dem Bild aus San Francisco dem Paradies entgegeneilte, so sehr bezeugten Stills Porträts des weiblichen Geschlechts die gleiche krasse soziale Not und Verzweiflung, die durch die erdigen Farben mit einer vertrauenerweckenden Ruhe und Kraft vorgetragen wurde. Ein unveröffentlichtes Werk, **PH 79**, zeigt eine ähnliche Männergestalt mit entblößtem Oberkörper, Hose und Stiefeln, die den Kopf auf den Schoß eines mütterlichen Frauentypus legt, wie er in Europa durch Darstellungen von Beckmann, Dix oder der Kollwitz her bekannt war. Die ausgemergelten Leiber und maskenhaften Gesichter hat sich Still jedoch nicht als Genre, sondern als Konstruktionen zunutze gemacht. Vor allem aus den Köpfen entwickelte er eine kompositorische Methode des Wegnehmens und Zusammenfügens, die den organischen Körperteilen kubische, seltsam stereometrische Dimensionen verlieh. Es waren nicht einfach Picasso oder Braque, die hierbei Pate standen, oder die fensterartigen Bilder und scheibenförmigen Umrißfiguren eines Schlemmer, Itten oder Klee am Bauhaus. Still begann in den Jahren 1936 und 1937 vielmehr, die Relationen seiner Figuren und Malgründe umzukehren und sukzessive aufzulösen, so daß jedes Formstück im Bild sowohl als Träger wie auch als Gegenstand angesehen werden konnte.

## III **Das Werk**

Fortan, ab 1938, hat Still die Werke numeriert. Noch **1936-7 No. 2** in San Francisco folgte in der Abstraktion einem gegenständlich bestimmbaren Motiv (Tafel 36). Es könnte sich um ein Paar aus Mann und Frau gehandelt haben, das sich in den Armen hielt und so von der Umgebung ausgrenzte. Still präsentierte dabei aber ein Gefüge aus Linien und Flächen, dessen inhaltlicher Stoff nicht mehr greifbar war und dessen Thematik nicht bloß in der Sublimierung des harten Lebens auf dem Land bestand. Aus den Körperlinien ergaben sich neuartige, unbekannte Silhouetten in Hell und Dunkel, die vor einem farbigen, ebenso unbekannten Grund auftraten. Auch **1937-8-A**, das historisch älteste Werk in der Albright-Knox Art Gallery (Tafel 1), hob die Vertikaltendenzen der realistischen, sozialkritischen Phase Stills sehr stark hervor, ohne einen weiter bestimmbaren Gehalt zu implizieren. Es scheint vielmehr, daß die teilweise knochigen, korkenzieherförmigen Motive, die wieder und wieder zu größeren Körpern zusammengebunden wurden, Eingebungen des Künstlers bei der Suche nach einer weitergehenden Zielvorstellung folgten. Seine neuen Gestalten hatten weder Augen noch Ohren, und sie agierten nicht mehr, sondern gingen in der Gesamtheit der Bewegungsmomente und Kontraste seiner Bilder auf.

Im gleichen Jahr, 1938, begann Still, mit dem Palettmesser zu arbeiten. Die Figuren wurden nicht mehr gezeichnet, sondern wie ein Stück Scholle auf der Leinwand skulptiert. So entstand aus Farbe eine abstrakte »Landschaft«, eine Art erdiger Oberfläche, deren Struktur sich nicht mehr beschreiben ließ, wenn man von den vorangehenden Landschafts- und Menschendarstellungen Stills nichts wußte. »Mit dem Jahr 1941 hatten sich Raum und Figur in meinen Leinwänden zu einer totalen psychischen Einheit verbunden«, schrieb er selbst über den Prozeß, wie ihn zum Beispiel **1941-2-C** aus Buffalo zusammenfaßte (Tafel 2).[33] Auch bei diesem Beispiel könnte man vermuten, daß Still das Werk von anderen, zum Beispiel Léger, Archipenko oder Miró, gekannt hat, doch helfen die direkten Vergleiche mit den Künstlern der klassischen Moderne zur Bestimmung seiner Bilder nicht. Der Gang durch die mehr als 2200 Arbeiten Clyfford Stills anhand von Abbildungen legt den Werkprozeß statt dessen als einen Weg zur Schichtung von Linien und Figuren bloß, bei dem sich nahezu jeder Schritt auf einen vorherigen bezieht. Die Bildelemente sind immer ineinander verwickelt, als würden sie um das Werk ringen. Sie artikulieren für sich genommen weder Raum noch Farbe, sondern eine Welt aus interferierenden, sich anziehenden und abstoßenden Entitäten. Sie fügen sich dabei nie zugunsten einer höheren oder darunterliegenden Ordnung zusammen. Ebenso selten erkennt man »Gestalten«, auch die Balanceabsicht steht nicht im Vordergrund. Während Pollock, Rothko oder Newman in den Jahren von 1940 bis 1945 bekanntlich mit archaischen Themen, Fabelwesen und zahlreichen literarischen Sujets beschäftigt waren, nicht zuletzt unter dem Einfluß des Psychischen, entwickelte Still eine Art von sensationellem Primitivismus: Die aufgespachtelten Flächenfarben erschienen als Krusten, als Stoffe, die erdverbunden gewisse Formwerdungen evozierten, vielleicht als Vorschein einer noch unfaßbaren Materie und Ordnung. Anders als die Werke Pollocks von 1949 oder Rothkos ab 1950 oder als Newmans ›Onement‹-Serie sind die Bilder Stills dabei uneinheitlich geblieben. Sie stellten ab 1943 eine Art erlebter wie auch simulierter Wüste vor, die monochromatisch oder vielfarbig, relativ groß, aber auch kleinformatig, von vertikalen Lichtschlitzen oder Blitzen durchzogen oder gänzlich opak ausfallen konnte. Relativ früh hat Still im Unterschied zu seinen Kollegen ein Vokabular gefunden, das sich vorrangig aus der konzentrierten Betrachtung der eigenen, vergangenen Bilder ergeben haben muß. Die züngelnden, lodernden, blitzenden Lineamente und Apokryphen von 1943 entwickelten sich langsam zu größeren Binnenformen, die eine höhere Ebene für das ›vertikale Leben‹ im Unterschied zur kargen, flachen Natur evozierten. Erst mit diesen Binnenformen, die sich auf der Leinwand wie Bodenplatten und Landzungen mit Flüssen und Ufern verhielten, wurde Stills Kunst abstrakt und erreichte ihren kontinentalen Maßstab.

In Williamsburg, Virginia, konnte Still 1943 trotz einer Lehrverpflichtung von 32 Wochenstunden eine Fülle dieser wegweisenden Werke schaffen. Immer wieder, gerade in den zahlreichen Aquarellen und Temperazeichnungen auch während der folgenden Kriegsjahre, tauchten kalligraphische Zeichen und Linien auf, deren Zug wiederum an Picasso und Miró, deren Aufbau bisweilen auch an Kandinsky denken ließ. Doch das eigene Ziel bestand beim Nachvollzug dieser Hunderte von Arbeiten unverkennbar in der Suche nach dem ureigenen Werk. Es gibt kein Bild von Still, das hektisch oder übertrieben wirkte, ebensowenig wie er sich auf ein mystisches Kalkül zurückzog. Seine Beobachtung, ja Forschung, richtete sich auf die Naturhaftigkeit des eigenen Bildgeschehens und seiner eigenen Resultate. Er ließ dabei Höhen und Tiefen, Farbe und Licht in einer Bewegung und Reihung nebeneinander stehen, ohne auf eine endgültige stilistische Bestimmung des eigenen Tuns zu drängen.

Als er 1946 in der New Yorker Galerie ›Art of This Century‹ ausstellte, war das Œuvre im Unterschied zu dem der anderen New Yorker Maler ganz gefestigt. Robert Motherwell bezeichnete ihn als »den Originellsten. Ein Blitz aus heiterem Himmel«.[34] Stills damalige Phantasmagorie aus Formen, Linien und Farben, die immer wieder Reminiszenzen an seine Werke aus der Zeit von 1934 enthielten, lieferte mehr und mehr die Anhaltspunkte für ein eigenständiges, gewisses Resultat. 1943 und 1944 entstanden mehr als achtzig Werke, fast alle weniger als fünfzig Zentimeter hoch, die wie Übungen auf dem Weg zum eigentlichen Bild aussahen. Parallel dazu erarbeitete Still Lithographien, die ebenso wie Kopien und Variationen auf das eigene Œuvre gelesen werden könnten. Wie sehr gerade diese Jahre, in denen Still sein Brot hauptsächlich durch die Lehre verdient hat, das Vermögen in ihm beflügelten, aus sich selbst heraus neue künstlerische Maßstäbe zu setzen, ist eine gesonderte Untersuchung wert. Immerhin hat Still noch 1974 ein Werk aus dieser Zeit kopiert und dabei auf eine Größe von 232 x 199 cm, um mehr als das Doppelte, hochvergrößert (**PH 282** von 1943 kehrt in **PH 923** von 1974 wieder).

Das ›Big Canvas‹, das den Menschen wie ein bedeutendes öffentliches Werk überragt, ist gleichfalls eine Erfindung von Still. Nach dem **Guernica**-Bild Picassos, das nahezu alle New Yorker Künstler seit 1939 sehr beeindruckt hat, stellt Still 1944–45 ganz unerwartet ein Höhenmaß von 234 Zentimetern vor **(PH 23)**, bei einem Werk, das züngelnde Formen wie eine alte, in Flammen stehende Eiche aufweist. Damals wollte Still das Schwere leicht und das Leichte gewichtig werden lassen. Immer wieder experimentierte er, immer wieder wichen die pastosen, wild und unbarmherzig eingesetzten Farbschollen vor abgeklärten, virtuosen, teilweise essayistischen Figuren auf der Leinwand zurück. Langsam nahm die Anzahl der verwendeten Töne ab und die Klarheit der geschaffenen Bildstrukturen zu. Ein Schlüsselbild des Abstrakten Expressionismus wie **1946-H No. 2 (PH 370)**, das in der Höhe annähernd zwei Meter maß und später oftmals reproduziert wurde, kam ohne spektakuläre Farbigkeit, ohne eigentliches Zentrum und ohne Peripherie aus (Abb. 5). Es simulierte einen Landschaftsraum durch weiße und schwarze Ströme, die als Kontraste in der Fläche, als Flüsse auf einer Landkarte und im Verbund mit dem braunen Grundton als Ausschnitt aus einer potentiell unendlichen Konfiguration wirken konnten. Ein solches Bild zielte auf das ästhetische Erlebnis von Größe, Ursprung und Weite ab. Die Formen, die einzeln deutlich artikuliert waren, verzehrten sich gegenseitig und gaben dennoch ein Nebeneinander als Inseln ab. In dieser Spannung aus Annexion und Integration, Heteronomie und Autonomie standen ab 1947 fast alle Elemente. Müßig wäre es, bei Still danach noch zwischen Figur und Grund zu unterscheiden. Das Ausgerissene verklammerte sich mit dem Nachbarn, das parataktisch Aufgereihte stieß sich antimagnetisch voneinander ab oder verbiß sich wie ein Hund in seinen Knochen.

1947 entstanden auch erstmals Werke auf blankem, mit Leim grundiertem Grund. Auch für sie hat Still die Pigmente selbst gemischt und bevorzugt erdhafte Töne verwendet. Sie mußten trocken und konsistent genug sein, um auf der Leinwand zu haften, denn die Bilder wurden gerollt und hatten zahlreiche Umzüge des Künstlers zwischen der West- und Ostküste zu überstehen. Still hat seine Bilder, wenn er verreiste, meistens im eigenen Auto mitgenommen. Von ihrer Haltbarkeit,

5 **1946-H No. 2**
Öl auf Leinwand, 198 x 173 cm (78 x 68″)

wie bei zweidimensionalen Skulpturen, hat er gewußt. Die farbigen Flächen auf der mit Leim grundierten Leinwand spielten davon unabhängig eine neue Form von Elastizität aus. Meist handelte es sich um die Vorstellung eines einzigen Farbkontrasts wie bei einer Art von Schwarzweißmalerei. Immer wieder kam durch einen andersfarbigen Tupfer oder einen Strich an einem der Bildränder eine Synkope hinzu, die den Takt der Malerei störte. Sie fügte dem Komplex der Schollen und Ströme meist ein leuchtendes Blinken, einen forschen Auftritt hinzu, ohne die Ruhe des Hauptgeschehens zu unterbrechen.

Diese Ruhe, dramatische Ruhe, wurde ab 1947 zur Hauptqualität der Kunst von Still. Seine Werke vertrugen die Vergrößerung und Vereinfachung, sie begannen zu atmen, zu singen, um in ihrer Ausdehnung schließlich zu versiegen und zu verstummen. Aus den Schollen auf der Leinwand wurden große Inseln und aus den Strömen ganze Seen. Die Flächenfarbe erschien im Maß erhaben. Still erreichte nach mehr als einem Jahrzehnt des Studiums an den eigenen Formationen die Fähigkeit eines Choreographen. Seine farbigen Kontinente schufen sich Raum, der seinen Bildern unerwartet auch Einfachheit, Direktheit und Merkmale des Spontanen verlieh. Ab 1950 hellte sich die Palette nochmals auf und wurden die Formate nochmals größer. Sie erreichten nun Maße von

280 Zentimetern in der Höhe und wenige Monate später auch von mehr als vier Metern Breite. »Das Bild war als Implosion von Unendlichkeiten konzipiert«, sagte Still 1953 zu dieser Entwicklung.[35] Der Ballast der Beschwerlichkeit und Kümmernis ließ seitdem nach, die Konkurrenz zwischen den Künstlern in New York interessierte ihn nicht mehr. Er stellte für mehrere Jahre auch nicht mehr aus.

In Amerika ist die Leistung Stills seit der großen Ausstellung in Buffalo 1959 vor allem als überzeugende Alternative zum bis in die Nachkriegszeit vorherrschenden Kubismus und Surrealismus gesehen worden.[36] Man erkannte wohl, daß seine Werke weder als symbolische Speicher des »kollektiven Unbewußten« noch als organische oder naturalistische Zeichen für ein besseres Amerika oder als Elegie auf die verlorene Republik lesbar waren. J. Benjamin Townsend, der zum Ende der Ausstellung in Buffalo die Ergebnisse eines längeren Gesprächs mit dem Künstler notierte, hatte ihn als empfängliche, freundliche und gesprächsbereite Person erlebt. Still deutete ihm die Geschichte seiner Bilder als Folge von Tagebucheintragungen, die zusammengenommen eine Einheit und vielleicht eine Synthese formen würden. Sie sollten ein Beispiel für Frieden und Unabhängigkeit geben und vor eventuellen äußeren, dekadenten und korrumpierenden Einflüssen schützen. »Das eigentliche Thema der Menschheit ist der Mensch; das des Künstlers: er selbst.«[37] Diese Vision der künstlerischen Autonomie, einer Selbstgenügsamkeit in Form und Ausdruck, wird bis heute nicht einfach akzeptiert. Erklärbar wird sie vielleicht, wenn man sich die unendliche Schwierigkeit vorstellt, in der kulturarmen Hegemonialmacht USA nach dem Ende des Zweiten Weltkriegs überhaupt zu einem solchen Werk zu finden.

Anmerkungen

1 »Clyfford Still is America's most important, most significant, and most daring artist«, hieß es auf dem Klappentext des Katalogs *Clyfford Still*, New York (Metropolitan Museum of Art) 1979, und Katharine Kuh begann ihren Text mit dem Satz: »I find Clyfford Still the most daring painter of work today.« (ebenda, S. 9)
2 Still wollte sich »aus ideologischen Gründen« nicht beteiligen, siehe den Beitrag von Michael Auping, S. 21 ff. Neben seinen Werken enthielt die Ausstellung Bilder von William Baziotes, James Brooks, Sam Francis, Arshile Gorky, Adolph Gottlieb, Philip Guston, Grace Hartigan, Franz Kline, Willem de Kooning, Robert Motherwell, Barnett Newman, Jackson Pollock, Mark Rothko, Theodore Stamos, Bradley Walker Tomlin und Jack Tworkov *(Die neue amerikanische Malerei*, Basel [Kunsthalle] 1958).
3 Kenneth B. Sawyer, ›U.S. Painters Today: No. 1: Clyfford Still‹, in *Portfolio and Art News Annual* (New York), Nr. 2, 1960, S. 74–87
4 Ausst. Kat. Basel 1958 (Anm. 2)
5 Hinweis Stills dazu im Ausst. Kat. New York 1979 (Anm. 1), S. 202. Ich habe mich in meinen Gesprächen mit Patricia Still stets auf diesen Besuch Rüdlingers berufen, um die Notwendigkeit der jetzigen Ausstellung für Basel zu betonen.
6 Ebenda, S. 203. Die Gründe für das Scheitern des Projekts konnte mir Patricia Still nicht nennen.
7 Ich danke Kasper König für die Erlaubnis, alle dazu vorhandenen Dokumente und Briefwechsel einzusehen.
8 Die Schenkung einiger Werke an das Museum in Washington ist wohl deshalb in der Biographie auch nicht vermerkt worden. In Europa hat sich unlängst beispielsweise das Centro de Arte Reina Sofia in Madrid um einen Raum mit Bildern Stills bemüht.
9 Siehe Biographie, S. 146, 159 f. Eine der folgenreichsten Verstimmungen hat seit den späten fünfziger Jahren bei William Rubin, dem ehemaligen Direktor für Painting and Sculpture am New Yorker Museum of Modern Art, vorgelegen, der Still anscheinend anhaltend verdächtigt hatte, seine Bilder teilweise übermalt und dabei um- oder vordatiert zu haben.
10 Siehe Bibliographie S. 168.
11 Ich verdanke Patricia Still die Einsichtnahme in das provisorische Werkverzeichnis aus Skizzen, Photographien und den genauen Daten zu allen Werken.
12 Maria Netter, ›Die Jubiläumsschenkung der Schweizerischen National-Versicherungs-Gesellschaft an das Basler Kunstmuseum‹, in *Werk* (Winterthur), 47. Jg., Heft 5, Mai 1960, S. 182–184
13 Wiederabdruck in *Die Geschichte des Basler Kunstvereins und der Kunsthalle Basel 1839–1989. 150 Jahre zwischen vaterländischer Kunstpflege und modernen Ausstellungen*, Basel (Kunsthalle) 1989, S. 234 f.
14 Eindrücklich belegen dies zwei maßgebliche frühe Publikationen zur amerikanischen Nachkriegsmalerei im deutschsprachigen Bereich: Bernhard Kerber, *Amerikanische Kunst seit 1945*, Stuttgart 1971, und Dieter Honisch/ Jens Christian Jensen (Hrsg.), *Amerikanische Kunst von 1945 bis heute, Kunst der USA in europäischen Sammlungen*, Köln 1976.
15 *Time* (New York), 29. November 1963, S. 76 f.
16 *Time* (New York), 29. Mai 1964, S. 60
17 Einleitung bei David A. Anfam, *Clyfford Still*, Phil. Diss., Courtauld Institute of Art, London 1984
18 Robert Hughes, ›The Tempest in the Paint Pot‹ in *Time* (New York), 26. November 1979, S. 105
19 *Paintings by Clyfford Still*, Buffalo (Albright Art Gallery) 1959 (o. S.). Patricia Still betonte mir gegenüber in einem Gespräch am 10.12.1991 nochmals, daß solche Formulierungen in engster Absprache mit ihrem Mann getroffen wurden. David Anfams verständliche Verallgemeinerung: »It was always an autobiography jealously guarded and manipulated with even more care when exposed to public scrutiny« (Anm. 17, S. 8) folgt vielleicht zu stark der gängigen Meinung von Kunsthistorikern, es sei gleichsam ihr existentielles Recht, eine Künstlerbiographie selbst zu kompilieren.
20 Thomas B. Hess, ›The Modern Museum's Fifteen: Where U.S. extremes meet‹, in *Art News* (New York), Bd. 51, April 1952, S. 19
21 Robert Rosenblum, ›The Abstract Sublime‹, in *Art News* (New York), Februar 1961, S. 38–41, 56, 58
22 Rudi Blesh, *Modern Art USA. Men, Rebellion, Conquest. 1900–1956*, New York 1956, S. 272
23 Ebenda, S. 270
24 Vollständiger Wiederabdruck in der Biographie, S. 155 f.
25 Biographie, S. 149, sowie Susan Landauer, S. 97, Anm. 26
26 Vollständiger Wiederabdruck in der Biographie, S. 152 f.
27 Publiziert im Eröffnungskatalog *The Hirshhorn Museum and Sculpture Garden*, Washington, D.C., 1974, S. 752
28 Patrick McCaughey, ›Clyfford Still and the Gothic imagination‹, in *Artforum* (New York), April 1970, S. 56–61
29 *The New York Times*, 21. Dezember 1969, Teil 2D, S. 33
30 ›Benton Answers 10 Questions‹, in *Art Front*, April 1935, zit. nach *Amerika. Traum und Depression 1920/40*, Berlin (Neue Gesellschaft der Bildenden Künste) 1980, S. 255
31 Siehe Anm. 27.
32 David Anfam, *Abstract Expressionism*, London 1990, S. 68
33 Das vollständige Zitat von 1963 siehe S. 158
34 Die klare Bewunderung für Still ging bekanntlich vor allem von Rothko aus, der für die Ausstellung ›First Exhibition Paintings: Clyfford Still‹ 1946 in der ›Art of This Century Gallery‹, New York, das Vorwort schrieb.
35 Clyfford Still, ›Statement for Untitled Painting 1953‹, maschinenschriftl. Manuskript. Die Einsichtnahme verdanke ich Patricia Still.
36 Dore Ashton, ›Clyfford Still‹, in *The New York Times*, 15. November 1959, Teil 2X, S. 19, sowie Sawyer 1960 (Anm. 3), S. 87
37 Townsend, J. Benjamin, ›An Interview with Clyfford Still‹, in *Gallery Notes* (Buffalo), Sommer 1961, S. 11

# Clyfford Still
# in
# Buffalo

1 Clyfford Still bei den Niagara-Fällen, New York, April 1964 (Photo Sandra Still)

*Michael Auping*

# Clyfford Still und New York: Das Buffalo-Projekt

> Wenn ich sterbe, werden die Leute sagen – sie sagen es schon jetzt –, daß ich mich rücksichtslos und amoralisch verhalten habe, daß ich jenen gegenüber undankbar war, denen ich Dank geschuldet hätte. Und sie werden recht damit haben. Andererseits kann ich mir nicht vorstellen, wie ein ernsthafter Künstler seine Ziele erreichen kann, wenn er anders vorgeht als ich – wenn er nicht zeigt, daß dieses Instrument, dieses beschränkte Ausdrucksmittel der Farbe auf Leinwand, eine wichtigere Rolle zu spielen hat, als Päpste und Könige zu verherrlichen oder die Wände reicher Leute zu schmücken.[1]

Aus allen Äußerungen über Clyfford Still ist zu schließen, daß er ein ungewöhnlicher Mensch war; nicht in dem bürgerlichen Sinne, daß alle Künstler Einzelgänger sind, die außerhalb der Gesellschaft stehen, sondern ungewöhnlich darin, daß er so viele widersprüchliche Reaktionen hervorrufen konnte. Viele hielten ihn für arrogant und unerträglich selbstbesessen, für einen Menschen, der durch seine bloße Gegenwart verletzen konnte. Aus dieser Sicht war er der reizbarste der sogenannten ›Irascibles‹, jener als Abstrakte Expressionisten bekannten heroischen und launischen Künstlergeneration, die in den späten vierziger Jahren die erste amerikanische Kunstbewegung in Gang setzte, die internationale Bedeutung erlangen sollte. Andere sahen in ihm einen »vollendeten Gentleman«, der nur seine »festen ethischen Grundsätze« verteidigte.[2] Es gab auch begeisterte Anhänger, die leichter zu beeindrucken waren und in Still die Attribute eines Schamanen unserer Zeit sahen, der sich mit »schwarzer Magie und Zaubersprüchen« beschäftigte.[3] Die infam drohende Warnung des Künstlers an alle, denen es in den Sinn kommen könnte, aus seinem Werk Kapital schlagen zu wollen – »Möge kein Mensch die tiefere Bedeutung dieses Werks oder seine lebensspendende Kraft unterschätzen – oder seine todbringende, falls es mißbraucht wird«[4] – trug das Ihre dazu bei, daß in vielen Köpfen ein so düsteres Bild von ihm entstehen konnte. Still war vielleicht nicht immer sein bester Fürsprecher, und seine schriftlichen Äußerungen sind teils schlagfertig, teils überschwenglich, teils militant und teils sogar bedrohend. Derartige Eigenschaften mußten die Presse einfach faszinieren. Abwechselnd wurde er als »schwarzer Engel«[5] und wie die seinerzeit in Amerika sehr populäre Schriftstellerin Ayn Rand als Wortführer eines bedingungslosen Kapitalismus und Egoismus hingestellt.[6] Eben diese Eigenschaften trugen jedoch nicht gerade dazu bei, ihn bei allen seinen Kollegen, vor allem in New York, beliebt zu machen. Es gab, wie Lawrence Alloway sich erinnerte, »sicherlich eine gewisse Faszination und auch Respekt vor Still, doch es gab auch Ablehnung. Einige hielten seine mysteriösen Strategien und seine ewige Kritik für Aufschneiderei.«[7]

Tatsächlich kritisierte Still die Kunstwelt oft und hart. Unter den amerikanischen Künstlern seiner Generation, die sich der Möglichkeit einer kommerziellen und politischen Ausbeutung ihrer Kunst bewußt waren, war Still zweifellos derjenige, der der institutionalisierten Kultur am mißtrauischsten gegenüberstand. Mit ›Mittelsmännern‹ für seine Kunst und Ideen konnte er nichts anfangen, und Kritiker, Museumsleute und Privatsammler waren oft Zielscheibe seines Spottes. Überdies war Still darauf bedacht, die Kontrolle über Ausstellungen und den Verbleib seiner Gemälde nicht aus der Hand zu geben. Nur selten war er dazu bereit, seine Bilder in Gruppenausstellungen zu zeigen oder an Privatsammler verkaufen zu lassen, die kein wirkliches Interesse an seinem Werk erkennen ließen. Verglichen mit anderen Künstlern ähnlichen Ranges ist Stills Werk deshalb auch nur in bemerkenswert wenigen Einzelausstellungen und Retrospektiven vorgestellt worden. Stills strikte Kontrolle über alles, was sein Werk betraf, erstreckte sich auch auf den Inhalt der Kataloge, die seine Einzelausstellungen dokumentierten. Er hatte eine Abneigung gegen das gedruckte Wort, das seiner Meinung nach die Kunst ›wegerklärte‹. Dies alles rief in der Kunstwelt ähnlich mißtrauische Reaktionen hervor. 1948 beschwor Still seine Händlerin Betty Parsons in einem Brief: »Nur bitte – und das ist wichtig –, zeigen Sie [meine Gemälde] nur denjenigen, die möglicherweise Verständnis für das

2 Ausstellung ›Paintings by Clyfford Still‹ in der Albright Art Gallery, Buffalo, New York, November – Dezember 1959

haben, was ich mit ihnen ausdrücken will; und gestatten Sie keinem, über meine Bilder zu schreiben. KEINEM. Ich verachte die Intelligenz der Schmierer, die ich gelesen habe, so restlos, daß ich ihren Schwachsinn einfach nicht tolerieren kann.«[8] Viele der wichtigen frühen Aufsätze zu Still wurden mit seiner ausdrücklichen Billigung geschrieben, und Still nahm oft umfangreiche Korrekturen vor, wenn er die Entwürfe erhielt.[9] Einige sahen darin die Haltung eines militanten Zensors und den Versuch, objektive Kritik zu verhindern. Tatsächlich handelte es sich bei den meisten Anmerkungen Stills schlicht und einfach um sachliche Korrekturen; nur manchmal machte er den Versuch, den Standpunkt des Autors zu ändern. Ein derartiges Geben und Nehmen zwischen Kommentator und Künstler ist in der Kunstgeschichte nichts Ungewöhnliches, doch Stills rätselhafter und schwieriger Charakter rief einen Argwohn hervor, der über das Übliche hinausging. Bedauerlicherweise scheint Still damit auch einer kritischen, kunstwissenschaftlichen Würdigung seines Œuvre Steine in den Weg gelegt zu haben. Die ersten ernsthaften kunsthistorischen Auseinandersetzungen mit seinem Werk sind erst im letzten Jahrzehnt geschrieben worden.[10]

Angesichts seiner feindseligen Haltung denjenigen gegenüber, die er als die Mode- und Karrieremacher der Kunstwelt betrachtete – und für die die elitäre Bruderschaft der Museumsleute vielleicht das beste Beispiel ist –, stellt sich die Frage, warum er seine Einwilligung dazu gab, daß 1959 in der Albright Art Gallery in Buffalo, New York, seine wohl wichtigste und beeindruckendste Ausstellung veranstaltet wurde, und warum er diesem Institut schließlich sogar 31 Gemälde überließ, die zwischen 1937 und 1963 entstanden waren und damit die entscheidendsten Entwicklungen seiner Laufbahn dokumentierten. Die Ausstellung war vom 5. November bis zum 13. Dezember 1959 zu sehen und enthielt 72

3 Vernissage der Ausstellung ›Paintings by Clyfford Still‹ in der Albright Art Gallery, Buffalo, New York, am 4. November 1959

Gemälde aus der Zeit von 1936 bis 1957 (Abb. 2, 3). Es war die erste öffentliche Präsentation seiner Werke seit 1952, als sieben Gemälde in der Ausstellung ›15 Americans‹ im New Yorker Museum of Modern Art zu sehen waren. Es war auch die umfangreichste Ausstellung, zu der er je seine Zustimmung gegeben hatte. Als 1964 zu den zwei Gemälden, die Seymour H. Knox, der große Förderer des Instituts, zuvor für das Museum angekauft hatte, seine Schenkung hinzukam, besaß die Albright-Knox Art Gallery die weltweit größte öffentlich zugängliche Sammlung des Werks des Künstlers überhaupt.

Die Antwort auf die Frage, warum Still ausgerechnet der Albright-Knox Art Gallery gegenüber so ungewöhnlich großzügig war, hat sehr viel mit den Motiven und tieferen Gedankengängen zu tun, die seiner Kunst zugrunde liegen, und bietet einen interessanten Ausgangspunkt für eine kritische Würdigung der Leistungen, die Still in seinem Werk erbracht hat.

Wenn Still sich für die Albright-Knox Art Gallery als Ausstellungsort für eine Retrospektive seines bisherigen Werks entschied, so lag dies nicht etwa daran, daß es an Einladungen zu Ausstellungen gemangelt hätte. Still hatte sich geweigert, an der von Dorothy Miller für das Museum of Modern Art organisierten Wanderausstellung ›The New American Painting‹ teilzunehmen, die 1958–59 in verschiedenen europäischen Städten gezeigt wurde. Aufgrund seiner Unnachgiebigkeit war das wichtigste amerikanische Museum für moderne Kunst genötigt, drei von vier Arbeiten Stills, die in dieser Ausstellung gezeigt wurden, aus Privatsammlungen auszuleihen.[11] Still lehnte auch Angebote zu Einzelausstellungen auf der renommierten Biennale von Venedig und in der Kunsthalle Basel ab, und zwar aus »ideologischen Gründen«.[12]

Man könnte spekulieren, daß Still bewußt oder unbewußt dem Beispiel des von ihm hochgeachteten Cézanne folgte, indem er sein Werk in einem Museum unterbrachte, das nicht zu den kommerziellen und gesellschaftlichen Brennpunkten der Museen in den großen Metropolen gehörte. Die Albright-Knox Art Gallery hat ihren Sitz in Buffalo im Staat New York, an der südöstlichen kanadischen Grenze. Buffalo war zwar einmal eine blühende Stadt, liegt jedoch weitab der ausgetretenen Wege der stereotypen kulturellen Handelsstraßen. Für Still scheint Cézanne, der auch das Thema seiner Magisterarbeit war, eine zutiefst isolierte und disziplinierte Gestalt verkörpert zu haben, dessen Werk strenggenommen nur aus sich selbst heraus, losgelöst von den Arbeiten seiner Zeitgenossen, verstanden werden kann.[13]

Daß Still sich selbst isoliert und schließlich zu Buffalo hingezogen fühlte, mag auch mit seinem schwierigen Verhältnis zur Stadt New York zusammenhängen, die in den fünfziger Jahren Schauplatz intensiver kulturpolitischer Auseinandersetzungen war. Die Ansicht, daß das Hervorbringen von Kunst sowohl ein innerer, isolierter Suchprozeß als auch ein avantgardistischer Gruppenprozeß ist, ist von entscheidender Bedeutung, um Stills Rolle innerhalb der New York School und sein Verhältnis zu den anderen Mitgliedern dieser Schule zu verstehen. In vieler Hinsicht war Still in New York ein Außenseiter; sein Arbeitsprogramm war radikal selbstbestimmt, und er verweigerte sich der Kameraderie einer Avantgardegruppe. Darüber hinaus eignete sich Still einfach nicht für eine Café- oder Bargesellschaft, wie sie in den vierziger und fünfziger Jahren für New York typisch war. Einen Mann wie ihn, der es liebte, allein in seinem Jaguar über Land zu fahren, der zu seinen Kollegen und sogar zu Freunden stets eine Art gereizte Distanz zu wahren schien, konnten Künstlerlokale wie die Cedar Tavern oder The Club nicht reizen.[14]

4 Clyfford Still im Jahr 1951
(Photo Hans Namuth)

Ein wichtiger Aspekt in seinem Verhältnis zur Gruppendynamik der New Yorker Kunstwelt war die Tatsache, daß er schon vor seiner Ankunft an der Ostküste ein ausgereiftes ästhetisches System entwickelt hatte. Erst relativ spät in seiner Laufbahn zog Still nach New York, im Alter von 46 Jahren, nachdem er in Washington und in Kalifornien als Teilzeitlehrer und Maler gelebt hatte. Der selbsternannte Mittelpunkt der Kunstwelt konnte ihn deshalb nicht sonderlich einschüchtern. Schon seine ersten Begegnungen mit New York hatten ihn enttäuscht. 1925 war er in die Stadt gekommen, um »das Metropolitan Museum zu besuchen und die Gemälde im Original zu sehen, die ich beim Betrachten ihrer Reproduktionen lieben gelernt hatte«.[15] Wie es scheint, »fand [er] die Wirklichkeit enttäuschend und beschloß, wieder zu seinem eigenen distanzierten Standpunkt zurückzukehren, der es ihm ermöglichte, seinen unabhängigen Blick zu bewahren und seine Arbeiten nicht dem Geschmack der Öffentlichkeit unterwerfen zu müssen«.[16] Ebenfalls 1925 schrieb sich Still an der Art Students League ein, um nach nur 45 Minuten Unterricht wieder zu gehen: »Mit den Übungen und Ergebnissen, die ich dort beobachtete, hatte ich mich schon einige Jahre vorher allein gründlich beschäftigt und die meisten davon als Zeitverschwendung verworfen.«[17]

Still begegnete Mark Rothko 1943 in Kalifornien, und Rothko war es, der Mitte der vierziger Jahre entscheidend dazu beitrug, Still in die New Yorker Kunstwelt einzuführen. Er stellte seinen Freund Peggy Guggenheim vor, die Still 1945 am Herbstsalon in ihrer Galerie ›Art of This Century‹ teilnehmen ließ und ihm im Februar 1946 zu seiner ersten Einzelausstellung in New York verhalf. Dennoch blieb Still bis 1950 in San Francisco und unterrichtete an der California School of Fine Arts. Nur 1947–48 hielt er sich eine kurze Zeit in New York auf, um bei der Organisation der Schule, die unter dem Namen ›The Subjects of the Artists‹ bekannt werden sollte, mitzuwirken.

Rothko war einer der ersten, der sich für Still einsetzte und zugleich seine Isolation von der dominierenden Szene in New York bemerkte. Im Katalog zur 1946 von Peggy Guggenheim veranstalteten Ausstellung schrieb Rothko: »Es ist wichtig, festzuhalten, daß Still draußen im Westen und auf sich allein gestellt zu Bildergebnissen gelangt ist, die denen der kleinen Mythenmacherbande, die während des Kriegs hier [in New York] hervortrat, so verwandt sind.«[18] Still zeigte jedoch wenig Neigung, sich den New Yorker Abstrakten Expressionisten anzuschließen, und leugnete schließlich mehr als einmal jegliche Verbindung zur ›Mythenmacherei‹, die damals in New York vor sich ging, auch wenn Rothko andeuten wollte, er habe sich bereitwillig daran beteiligt.

Still zog 1950 nach New York, und kurz danach begann für ihn eine Zeit, die ebenso von kreativer Produktivität wie von sozialer Isolation gekennzeichnet war. Still schuf in diesem Jahrzehnt unverkennbar viele seiner größten Gemälde und entwickelte die schroffen, bedrohlichen Formen, die sein Markenzeichen werden sollten. Gleichzeitig begann er, sich von Rothko, Newman, Pollock und anderen Künstlern, die er kennengelernt hatte, und auch von Betty Parsons, seiner zweiten Händlerin, zu distanzieren. Zwischen 1952 und seiner Retrospektive in Buffalo von 1959 ließ Still keine öffentlichen Ausstellungen seiner Werke zu. Nachdem er den Umgang mit anderen New Yorker Künstlern aufgegeben hatte, brach er schließlich auch seine geschäftlichen Beziehungen zu Betty Parsons ab. Mit einem Wort: Still wurde immer mehr zu einer Art Einsiedler. Nach Hans Namuth, dem bedeutenden Photographen, der so gut wie jeden namhaften Abstrakten Expressionisten porträtierte, unterschied er sich in seinem Privatleben von allen seinen Künstlerkollegen. Namuth beschrieb den Künstler als »einen sonderbaren Gentleman«, der einen »selbst für Künstler sehr ungewöhnlichen Hang zur Geheimnistuerei« hatte.[19] Wie alle Künstler war auch Still darauf bedacht, daß die Unverletzlichkeit des Künstlerateliers von Außenstehenden respektiert wurde, doch in seinem unerbittlichen Beharren auf seiner Privatsphäre manifestierte sich auch sein ausgeprägter Sinn für Dramatik. Wie Knox einmal erzählte: »Es war immer eine Auszeichnung, mit Still zusammenzutreffen – in seinem Atelier oder anderswo –, denn es war schwierig, einen Gesprächstermin mit ihm zu bekommen. Aber in sein Atelier hineinzukommen war schon etwas ganz Besonderes.«

5 Die Tür zu Clyfford Stills Atelier am Cooper Square 48, New York City, Herbst 1950

Abgesehen davon dürfte sein Drang nach Abgeschiedenheit jedoch auch darauf zurückzuführen sein, daß er sich von einem immer stärker werdenden Konkurrenzdenken absetzen wollte. In den späten fünfziger Jahren hatten die Künstler der New York School ein ausgeprägtes Bewußtsein für die historische Bedeutung ihrer Errungenschaften entwickelt. Nicht zuletzt aufgrund der gesteigerten Aufmerksamkeit der amerikanischen Presse – der Tageszeitungen wie der Fachzeitschriften – hatten sich viele Künstler auf einen Kleinkrieg um ästhetische Territorialansprüche eingelassen, der von Kritikern, Sammlern und Museumsleuten noch zusätzlich angestachelt wurde. Alloway erinnert sich:

»Je mehr auf dem Spiel stand – höhere Preise, mehr Publicity usw. –, desto mehr wurde die Idee einer Gruppenbewegung, die viele von ihnen wohl sowieso nie wirklich akzeptiert hatten, von der Idee individueller Durchbruchsstrategien überlagert; wer ließ sich was als erster einfallen und so fort.« Still beschrieb New York in den frühen fünfziger Jahren als den Ort,

> wo der Showdown wirklich ausgetragen wird – blutig und real. Keine Illusionen über soziale Moral, aber auch keine. Der Künstler ist seines Bruders Feind wie nirgendwo sonst. Und man erlebt so viele Enttäuschungen, daß allein schon die Hoffnungslosigkeit unserer Lage atemberaubend ist... San Francisco bot Hoffnung – hielt uns jedoch nicht zum Narren. New York bietet einen Stich in den Bauch. Du weißt, daß dein Feind ein Messer hat und daß er damit auf dich losgehen wird (Messer gab's auch in S.F.). Das ist es, was diesen Dschungel zu einer Stadt für Männer macht. Verglichen mit New York herrschen überall sonst Anstandsregeln für alte Damen – ich liebe es – es gibt keine ›Ehrenlegion‹.[20]

In Buffalo fand Still eine Art neutralen Boden vor, wo er sich einerseits von der zunehmenden Konkurrenz innerhalb der New York School fernhalten konnte und gleichzeitig die Freiheit fand, sein Werk nach seinen eigenen Vorstellungen zu präsentieren und seinen Anhängern einen umfassenden Überblick über die verschiedenen Entwicklungsstufen seines Schaffens zu geben. Still hatte in allen wesentlichen Dingen, die seine Retrospektive betrafen, uneingeschränkte Entscheidungsfreiheit: er konnte seine eigenen Arbeiten auswählen, installieren und katalogisieren.

Gordon Smith, der Direktor der Albright-Knox Art Gallery, hatte Seymour H. Knox, den Vorsitzenden des Museumskuratoriums, davon überzeugt, daß Still ein Künstler war, mit dem zu rechnen sei, und daß eine seiner Arbeiten für die Sammlung angekauft werden sollte. Knox, ein junger Schützling von A. Conger Goodyear, einem früheren Kuratoriumsmitglied – der Buffalo schließlich verließ und ein Gründungsmitglied des Kuratoriums des Museum of Modern Art in New York wurde –, legte in dieser Zeit den Grundstock für eine der wahrhaft großen Sammlungen des Abstrakten Expressionismus. Smith nahm Kontakt zu Still auf, und es wurde ein Treffen im Atelier des Künstlers vereinbart. Obwohl ihm Stills Ruf bekannt war, traf ihn das dramatische Geschehen, das sich vor ihm entfalten sollte, dennoch reichlich unvorbereitet. Als er im Atelier des Künstlers erschien, waren zahlreiche Bilder zur Wand umgedreht; nur drei Gemälde waren dem Blick zugewandt. Er bat, auch die anderen sehen zu dürfen, worauf Still ihn wissen ließ, daß nur diese drei Werke für einen Ankauf durch die Albright-Knox Art Gallery in Frage kämen. Von einem großen Gemälde in Schwarz und Rot von 1954 (Tafel 28) war der Museumsdirektor besonders angetan. Wie Knox berichtet, fragte Smith, ob es möglich sei, das Bild nach Buffalo zu bringen, damit das Kuratorium über den Ankauf entscheiden könne. Still hielt offensichtlich nicht viel von der Idee, das Gemälde nach Buffalo zu transportieren, um es dort von einer Gruppe von Museumsgönnern ›beurteilen‹ zu lassen, über die er nichts wußte. Er machte dagegen den Vorschlag, daß das Museum einfach eine Entscheidung treffen sollte, falls Smith das Bild wirklich für bedeutend halte. »Er konnte sich nicht damit anfreunden, daß ein Künstler von einem Museumskuratorium beurteilt werden sollte. Gordon rief mich an und sagte, daß er es für ein sehr wichtiges Werk halte. Ich sagte darauf, ›Wahrscheinlich ist es furchtbar schwarz‹, was ja, wie Sie wissen, nicht gerade meine Lieblingsfarbe ist. Er sagte ja, doch es wäre ein wichtiges Werk für die Sammlung. So kaufte ich denn das Bild für das Museum, ohne weitere Umstände zu machen. Diese Umstandslosigkeit scheint Still sehr gefallen zu haben. Ich glaube, daß wir mit unserer Entscheidungsfreude – unserer schnellen Zusage – sein Herz gewonnen haben.«

1959, nachdem er sieben Jahre lang nichts ausgestellt hatte, erklärte Still sich bereit, in der Albright-Knox Art Gallery eine große Retrospektive zusammenzustellen, die 72 Gemälde umfaßte. Nach Knox war Still von der Organisation und Präsentation der Ausstellung »sehr angetan«. »Er war es natürlich, der für den Erfolg verantwortlich war. Er hatte völlig freie Hand, und wir stellten ihm die technischen Hilfen zur Verfügung.« Tatsächlich war die Retrospektive in Buffalo eines der seltenen Beispiele dafür, daß es einem Künstler gestattet war, in einer öffentlichen Institution ganz seinen eigenen Vorstellungen zu folgen, ja daß er sogar dazu aufgefordert wurde. Still bat auch darum, während der Ausstellung alle »modernen Werke« aus den angrenzenden Räumen zu entfernen. Knox bemerkte dazu: »Still wollte seine Sicht ganz aus sich selbst heraus sprechen lassen, ohne daß der Betrachter durch anderes, Vergleichbares, abgelenkt werde. Wenn ich mich recht erinnere, wurde seiner Bitte entsprochen. Soweit ich weiß, wurden alle seine Bitten erfüllt.«

Der Erfolg der Ausstellung und das gute Verhältnis, das zwischen Still, Smith und Knox entstanden war, führten schließlich zu dem Gedanken, die Albright-Knox Art Gallery könne der richtige Aufenthaltsort für eine große Gruppe von Werken des Künstlers sein. Knox erinnerte sich, daß »ursprünglich Still diesen Vorschlag machte, und dabei von Gordon [Smith] unterstützt wurde«. Von Anfang an war allen bewußt, daß eine solche Transaktion nicht auf der Grundlage freundschaftlicher Beziehungen erfolgen könne, sondern daß das Museum damit die moralische Verpflichtung übernehme, Stills Vision für die Zukunft zu bewahren. Innerhalb der Gesamtsammlung sollte die Werkgruppe als separater und getrennter Komplex behandelt werden. 1964 übergab Still der Albright-Knox Art Gallery 31 Gemälde als Schenkung. Der Vertrag zwischen dem Künstler und dem Museum besagte, daß die Gemälde so oft als möglich als Gruppe gezeigt werden und permanent in Buffalo verbleiben sollten, also nicht an andere Einrichtungen oder Einzelpersonen ausgeliehen werden dürften. Laut Knox »war Gordon [Smith] davon überzeugt, daß Mr. Still sich ein Studienzentrum wünschte, wo die Menschen ganz unter dem Eindruck seines Werkes stehen könnten. Es war nicht etwa so, wie einige Leute gesagt haben, daß er das Museum okkupieren wollte. Er glaubte, daß sein Anliegen mit nur ein oder zwei Werken nicht zum Ausdruck gebracht werden könne.«

Wie schon seine Retrospektive betrachtete Still auch diese Schenkung als eine wichtige Gelegenheit, seine Entwicklung so darzustellen, wie er sie sah, indem er spezifische Entwicklungsmomente innerhalb seines Œuvre hervorhob. Wie Knox weiter berichtete, »wählte [Still] die Gemälde, die zu dieser Schenkung gehören sollten, sehr sorgfältig aus. Er nahm mehrere Änderungen an der Liste vor. Er sprach davon, etwas ganz Besonderes machen zu wollen. Er wollte nicht nur einfach eine Gemäldesammlung zusammenstellen, sondern ein großes Gedankengebäude vor Augen führen.« Die Sammlung stellt nicht nur ein bemerkenswertes Resümee der reifen Entwicklung des Künstlers dar, sondern bietet auch einen ebenso bemerkenswerten Rückblick auf sein früheres Schaffen. Es gibt viele ›klassische Stills‹ in der Buffalo-Sammlung, es gibt aber auch überraschende Bilder, die man kaum mit Still in Verbindung bringen würde, doch gerade sie zeigen die Feinheiten und das ganze Spektrum seiner Vision. Insgesamt stellen sie eine Art Konstellation von Ideen, Themen und formalen Erfindungen dar, mit denen sich nicht nur Still auseinandersetzte, sondern auch viele seiner Kollegen.

Das früheste Werk in der Schenkung ist eine relativ reife Arbeit, die mit **1937-8-A** datiert ist. Vor seiner Retrospektive in Buffalo hatte Still ein ausgefeiltes Inventarisierungssystem eingeführt; jedem Werk wurde eine Kombination aus Jahresangaben, Buchstaben und Ziffern zugewiesen. Unter anderem sollten mit Hilfe dieses komplizierten Ordnungs- und Katalogisierungssystems (jedes Werk wurde für Dokumentationszwecke auch von Stills Frau als Kopie gemalt und später von seiner Tochter photographiert) von vornherein Assoziationen zu bestimmten Themen ausgeschaltet werden, die diesem oder jenem Werk von Kritikern zugeschrieben werden könnten. Das System deutet jedoch auch darauf hin, daß Still sein Werk inzwischen als eine gewaltige visuelle Biographie betrachtete. Benjamin Townsend, ein emeritierter Professor für Kunst und Literatur von der State University of New York in Buffalo, der in der Zeit, als Still mit der Albright-Knox Art Gallery in Verbindung stand, mehrere Gespräche mit dem Künstler führte, berichtet dazu: »Er machte darauf aufmerksam, daß er seinen Werken keine Titel gibt, was er zweifellos getan hätte, wenn es in ihnen um die Außenwelt oder seine Reaktionen auf die Außenwelt ginge. Statt dessen kennzeichnet er jedes Bild mit dem Jahr, in dem es gemalt wurde, und mit einem Buchstaben, um die chronologische Reihenfolge innerhalb eines Jahres anzugeben. Diese Angaben, sagte er noch einmal, sind wie die Daten, die Einträgen in einem Tagebuch vorangestellt werden, und sind somit hauptsächlich für ihn selbst von Bedeutung.«[21] In einem Brief an Gordon Smith vom 26. August 1959 teilte Still sein Werk in vier Entwicklungsstufen ein: 1920–1935, 1935–1941, 1941–1951 und 1951–1957.[22] Die Sammlung enthält keine der frühen Landschaften und Porträts des Künstlers aus der Zeit von 1920–1935. Offensichtlich betrachtete Still seine frühen Arbeiten aus dieser Zeit nicht als Bestandteil seines ›großen Gedankengebäudes‹. Der Künstler hat diese Arbeiten – dunkle, beklemmende Varianten der Landschaften der amerikanischen Regionalisten und eine spätere Gruppe von Porträts und Selbstporträts – nur selten ausgestellt. Nach Townsend sprach Still »nie über sein figuratives Werk. Das, was ihn seiner Ansicht nach auszeichnete, lag jenseits des Figurativen.«[23] Diese Selbsteinschätzung trifft zweifellos zu, war es Still doch gelungen, Figuration und Landschaft in einer kraftvollen Form der Abstraktion aufgehen zu lassen. Nichtsdestoweniger bezeugen schon frühe Werke wie **Row of Elevators (Reihe von Getreidespeichern)**, um 1928–29, oder das überraschend späte **Selbstporträt** von 1940 (Abb. S. 86) seine beständige Vorliebe für aggressive Oberflächenstrukturen, Hell-Dunkel-Kontraste sowie dicht getönte Farbarrangements und, am deutlichsten vielleicht, seine Neigung zu vertikal aufsteigenden Bildkonzeptionen. Das Selbstporträt, das eine wild aufragende, auf den Betrachter hinabschauende Gestalt darstellt, ist besonders beklemmend. Und tatsächlich ist es diese trotzige und gotische Gestalt, die hinter allen Bildkonzeptionen Stills steht. Für Still war das Ich – in all seiner Undurchdringlichkeit und allen seinen Eigenarten – der Kern aller seiner Bilder.[24]

**1937-8-A** (Tafel 1) steht also am Anfang der zweiten Schaffensphase des Künstlers, und dennoch zeigt es uns Still auf einer schon fortgeschrittenen Entwicklungsstufe; es handelt sich um einen seiner frühesten Versuche, einen surrealistischen Inhalt in eine formative Abstraktionsstufe umzusetzen. Um **1937-8-A** angemessen würdigen zu können, ist es jedoch hilfreich, etwas über die unmittelbaren Vorgänger dieses Bildes zu wissen. 1934 malte Still das Bild einer großen nackten Figur, die eine dunkle felsige Landschaft durchwandert. Die primitive Figur mit großen, tatzenartigen Händen und Zügen, die an einen Neandertaler erinnern, bedeckt fast die gesamte Fläche der Hintergrundlandschaft. Gleichzeitig dominiert sie das Land, das sie bewohnt; die reiche, rote Farbgebung der Figur läßt sie, so scheint es, in den irdenen Hintergrund übergehen. Wie Giacomettis ausgemergelte Figuren, die sich kaum vom Raum, in dem sie stehen, abzeichnen, vermittelt Stills Bild eine fragile, doch gleichzeitig kraftvolle Präsenz. Das Gemälde **PH-323** – so wurde es schließlich bezeichnet – weist eine unheimliche allegorische Verwandtschaft mit der verschleierten spirituellen Suche auf, die in der Erklärung des Künstlers zur Retrospektive in Buffalo angesprochen ist:

> Es war wie eine Reise, die man unternehmen muß, allein, zu Fuß und immer geradeaus. Ruhepausen oder Abkürzungen waren nicht erlaubt. Und mit aller Willenskraft mußte man sich gegen jede Herausforderung behaupten, gegen jeden Triumph wie jeden Fehlschlag oder gegen die Lobpreisungen, die der Jahrmarkt der Eitelkeiten zu bieten hat. Bis man die finsteren und verwüsteten Täler durchquert und endlich klare Luft erreicht hatte und auf einer grenzenlosen Hochebene stehen konnte. Die Imagination, nicht länger durch die Gesetze der Furcht gehemmt, und die Vision wurden wie eins. Und der Malakt, intrinsisch und absolut, war ihre Bedeutung und der Träger ihrer Leidenschaft.[25]

**PH-323** war überraschenderweise das früheste Werk in der Schenkung, die Still 1976 dem San Francisco Museum of Modern Art übergab – als habe er schließlich eingestehen wollen, daß die Figur und ihr Verhältnis zur Natur im weitesten Sinne als Keimzelle seines späteren Werks anzusehen ist.

**1937-8-A** zeigt eine Gruppe totemistischer, felsartiger Erscheinungen, die wie Flammen aus einer irdischen Basis hervorbrechen, und stellt damit ein noch halluzinatorischeres Bild dar. Das Bild gehört zu einer Reihe von Werken aus den späten dreißiger Jahren, die für Still einen Durchbruch bedeuteten, und zeigt, daß Still die realistisch dargestellte menschliche Figur als Symbol für das Ich inzwischen aufgegeben hatte. An deren Stelle ist eine Art Kreuzung zwischen Figuration und Landschaft getreten. In **1937-8-A** hat sich die ›Figur‹ in eine turbulente, rauhe Oberfläche aufgelöst und ist zum Bestandteil dieser Oberfläche geworden. Tatsächlich ist sie derart aufgelöst, daß sie beinahe vollständig aufgehoben ist, ihrer menschlichen Substanz entkleidet – allerdings nicht in dem Ausmaß wie in de Koonings Werk der mittleren und späten fünfziger Jahre, wo die weibliche Form vollständig auseinanderbrach, um sich in eine Landschaft umzuwandeln (z. B. **Gotham News** [**Neuigkeiten aus New York**; Abb. 6], um 1955, und **Easter Monday** [**Ostermontag**], um 1955–56). Auch wenn Stills Figuren der späten dreißiger und frühen vierziger Jahre Gefahr laufen, vollständig von diesen rauhen, scheinbar geschmolzen Oberflächen vereinnahmt zu werden, so scheint er doch noch die Figur vom Rand eines Abgrunds hinwegzuziehen, in dem sie zu verschwinden droht. Beide Künstler schufen eine einzigartige, synthetische Bildkonzeption, worin Raum und Form ineinander übergehen und zu einem organischen System werden. Still stellte dazu fest: »Ich wollte nie, daß Strukturen Strukturen sind oder daß imaginäre Bilder zu Formen werden. Ich wollte, daß sie sich alle zu einem lebenden Geist verschmelzen.«[26]

Während Stills Werk der dreißiger und vierziger Jahre finstere, alptraumhafte Züge aufweist, die inhaltlich durchaus auf den Surrealismus bezogen werden können, sind die Leichtigkeit, der Witz und auch die Verrücktheit, die mit dieser französischen Bewegung assoziiert werden, bei ihm nicht zu finden. Auch die Surrealisten bevölkerten ihre Bilderfindungen mit seltsamen, aus den tieferen Schichten der Psyche hervorgezogenen Gestalten, und es ist keine Frage, daß Still ihre Arbeiten kannte. Für ihn war der Surrealismus jedoch zu spezialisiert und buchstäblich in seiner Bildkonzeption und zu preziös in seiner Technik. Man könnte argumentieren, daß Still mit seiner rohen Überlagerung von Bildern noch tiefer in die Psyche hineinschneidet und in den Bereich vorstößt, der seinerzeit oft als das ›primitive Unbewußte‹ bezeichnet wurde. Die Verschmelzung von Figur und Erdboden – eine Metapher für die enge Naturverbundenheit der ›primitiven‹ Völker – war ein weit verbreitetes Thema unter den Abstrakten Expressionisten, und Still bediente sich dieses Themas früh und überzeugend.

Wie schon vor ihnen die Kubisten und Surrealisten entdeckten Still und seine Kollegen die Aussagekraft der ›primitiven‹ Kunst. Still, der die meiste Zeit seines Lebens im Nordwesten der Vereinigten Staaten verbracht hatte, war mit den hybriden totemistischen Formen der Indianer der Nordwestküste wahrscheinlich noch enger vertraut als Barnett Newman, der sich in seinem berühmten Essay ›The Ideographic Picture‹ bewundernd über deren Kunst geäußert hatte. Laut Newman war für die Indianer der Nordwestküste »eine Form ein lebendiges Ding... Träger des ehrfurchtgebietenden Gefühls, das er vor dem Schrecken des Unbekannten empfand...«[27] Im

6 Willem de Kooning, **Gotham News**, um 1955
Öl auf Leinwand, 175 x 201 cm (69 x 79″)
Albright-Knox Art Gallery, Buffalo, New York,
Gift of Seymour H. Knox, 1955

Gegensatz zu Newman, der in der Stadt aufgewachsen war, dürfte Still einen ausgeprägten Sinn für diesen »Schrecken des Unbekannten« gehabt haben, der sich auf die Natur ebenso bezog wie auf das Geistige. Der Nordwesten hatte Still geprägt, und seine Schriften und Briefe sind von der emotionalen Intensität dieser Landschaft durchtränkt.

Viele Abstrakte Expressionisten beschäftigten sich mit ›primitiven‹ Kulturen und interessierten sich insbesondere für die Kultur, Mythologie und Religion der Indianer Nordamerikas. In vieler Hinsicht liefen Still und seine Kollegen visuell und symbolisch parallel zu einer allgemein begeistert vertretenen theoretischen Richtung, zu der die Schriften von Freud, Jung und Nietzsche zur Mythologie, zum Primitivismus und zum Unbewußten ebenso gehörten wie Schriften neueren Datums des an der Columbia University lehrenden Anthropologen Franz Boas und seiner Schüler Ruth Benedict, Margaret Mead und Alfred Kroeber.[28] Es ist darauf hingewiesen worden, daß der intellektuelle Anreiz, der Stills Interesse an der Figur/Boden-Thematik zugrunde liegt, auf Lucien Lévy-Bruhls Konzept der Integration des Menschlichen und des Organischen zurückgeführt werden kann. Nach Ansicht dieses Anthropologen betrachtete sich der ›primitive‹ Mensch als von der Natur untrennbar, da er wie sie Teil eines zusammenhängenden spirituellen Gefüges war – ein Konzept, das in der Einbindung der Figur in den Landschaftsboden in Stills Frühwerk seine Entsprechung findet.[29] Durch diese Manipulation entsteht aus der Natur und dem Ich eine anthropomorphe Landschaft, die bewußt oder unbewußt eine Identifikation und Vereinigung mit natürlichen Kräften darstellt.

In einer wichtigen, oft zitierten Besprechung in ›Art News‹ vom Mai 1947 sagt Still in einem indirekten Zitat über sich aus, er beschäftige sich eindringlich »mit der Figur in der Landschaft«, einem Sujet, das er »mit Untertönen des Lebenskampfes des Menschen und seiner Verschmelzung mit der Natur« verbinde.[30] **1941-2-C** (Tafel 2) könnte also als Fortsetzung zu **1937-8-A** betrachtet werden. In dem späteren Werk ist die figürliche Erscheinung zu einer großen, ungleichmäßigen irdischen Form ausgeweitet, die zum oberen Rand und zu den Seitenrändern des Bildes hoch- und hinausdrängt. Diese ominöse, ungeschlachte Masse beherrscht einen dunklen, nachtblauen Hintergrund. In der oberen linken Ecke blitzt ein himmlisches Weiß auf. Gordon Smith hat das Bild einmal als einen »lebendigen Berg« beschrieben. Still hatte gegen diese Beschreibung offenbar nichts einzuwenden und gab nur den Kommentar, daß sie nicht als Phantasievorstellung mißverstanden werden dürfe. Laut Still gab es solche Dinge, wenn man nur wußte, wo man hinzuschauen hatte.[31] David Anfam vermutet, daß eines der halbabstrakten Werke Stills tatsächlich sogenannte ›Hoodoos‹ dargestellt hatte, durch Erosion entstandene unregelmäßige Felsformationen in den ›Badlands‹, etwa einhundert Meilen nordwestlich des Gehöfts Bow Island, wo Still seine Jugend verbrachte.[32]

Ungeachtet der ursprünglichen Inspirationsquelle für **1941-2-C** schuf Still damit ein Bild, das sich ganz wesentlich von der Landschaftsmalerei im herkömmlichen Sinne unterscheidet. Auch wenn vielleicht Landschaftserfahrungen oder -erinnerungen in das Bild eingegangen sind, so streifte doch das, was sich daraus entfaltete, an das Gegenstandslose. Still benutzte die Landschaft als eine Art emotionales Feld oder Bezugssystem und begann, die Figur in einen Bereich psychischer Beschaffenheiten umzustrukturieren. Er fand zahlreiche Möglichkeiten, durch scheinbar abstrakte Mittel eine Gefühlssprache hervorzubringen, und die erste Hälfte der vierziger Jahre war für ihn in dieser Hinsicht eine Zeit besonders intensiver Suche. Wie seine Kollegen Gottlieb, Newman und Rothko entwickelte Still in diesen Jahren eine persönliche piktographische Sprache.[33] In Stills **1945-K** (Tafel 3) sind figurative Bezüge zum Beispiel in ein privates, abstraktes Zeichensystem umgewandelt, das sich aus einem Puzzle aus Halbmonden, schiefen Rechtecken und mäandernden, schlangenartigen Formen zusammensetzt; diese umgeben eine große blutrote Vertikale, die das Bild in zwei Teile zerschneidet. Die

Figur – oder das Ich, um den von Still bevorzugten Ausdruck zu verwenden – hat sich zu einer pulsierenden, venenartigen Form entwickelt, zu einem lebenden Totem, das in ein Feld tiefschwarzer, schattiger Formen eingebettet ist. Falls aus dieser Symbolmelange eine Geschichte zusammengesetzt werden kann, könnte man sie sich als eine abstrakte Transformation der rohen, roten Figur vorstellen, die die kahle Landschaft in **PH-323** durchschreitet.

Auch in **July 1945-R** (Tafel 4) haben sich die Bildinhalte früherer halbfigurativer Arbeiten zu einer schaurigen Atmosphäre und totemistischen Präsenz verdichtet. Ein tiefschwarzes, mit heftigen Pinselstrichen aufgetragenes Feld wird durch einen dünnen, sich windenden weißen Strich zerteilt. Zwei rote Punkte beschwören die Überbleibsel von Augen, die den dunklen, irdenen Grund im oberen Viertel des Bildes durchdringen. Stills lebendige Linie könnte an einen Faden oder eine Kordel denken lassen und damit an den im Surrealismus allgegenwärtigen Mythos von Theseus, der mit Hilfe des Ariadnefadens aus dem Labyrinth herausfand, das für die Surrealisten das Labyrinth des Unbewußten repräsentierte.[34] Stills Intentionen waren jedoch wahrscheinlich mehr unmittelbar auf das Potential der Linie als einfaches und dabei wirkungsvolles Ausdrucksmittel bezogen: »Lebenslinien« (»Life lines«), wie er sie nannte.[35] John Graham, ein Freund und ehemaliger Berater mehrerer Abstrakter Expressionisten wie etwa Gorky, de Kooning, Gottlieb, Pollock und Rothko, setzte sich in seinem Buch ›System and Dialectics‹ für die Technik der spontanen Geste als einer Möglichkeit ein, Individualität in ihrer unmittelbarsten Form auszudrücken. »Wie die Stimme spiegelt auch die Geste verschiedene Emotionen wider...die Geste des Künstlers ist seine Linie, sie fällt und steigt auf und vibriert in unterschiedlichem Maße, je nachdem wovon sie spricht... die Handschrift muß authentisch sein, und nicht imitiert... [nicht] pedantisch, sondern ehrlich und frei.«[36] In **July 1945-R** ist das automatische Zeichnen in einen kühnen, malerischen Zeichenstil transformiert, der Stills frühe Wertschätzung der in einer einzigen Linie oder einem einzelnen Pinselstrich verborgenen Fähigkeiten erkennen läßt, ein seiner Existenz bewußtes Ich auszudrücken. Sehr wahrscheinlich wurde dieses Gemälde 1946 in Stills Ausstellung in Peggy Guggenheims Galerie unter dem Titel **Quicksilver** (**Quecksilber**) gezeigt.[37] Dieser Titel suggeriert das Bild eines blitzartigen Energiestrahls, der den gedämpften, verfinsterten Hintergrund durchschneidet. Auch Newman sollte etwas später in den Gemälden **The Command** (**Der Befehl**), 1946, und **The Death of Euclid** (**Der Tod des Euklid**), 1947, senkrechte, in dunkle, tumultuöse Hintergründe eingebettete Strahlen verwenden, die auf seine Äußerung verweisen, daß »eine Form ein lebendiges Ding war, ein Vehikel für einen komplexen Gedankenzusammenhang, ein Träger des ehrfurchtgebietenden Gefühls, das [der Kwakiutl-Künstler] vor dem Schrecken des Unbekannten empfand...«[38] **July 1945-R** war auch Gegenstand eines häßlichen Streits, in dem es um den angeblichen Einfluß Stills auf Newmans Entwicklung ging. Ihr Verhältnis zueinander, das zunächst von kollegialer Hilfsbereitschaft geprägt war, endete in einer offenen Fehde. Still, der mit Newmans extremer Akribie am Ende wenig anfangen konnte, betrachtete diesen als einen »Bauhaus-Imitator« und verübelte es ihm, daß er den Anteil anderer Künstler – zu denen auch Still gehörte – an der Entwicklung seines berühmten vertikalen »Zip« nicht anerkennen wollte.

Zweifellos kannte Newman Stills wirkungsvolle Verwendung der vertikalen Geste. Der Versuch, das Ausmaß von Stills Einfluß auf Newman bestimmen zu wollen, wäre natürlich fruchtlos. Nichtsdestoweniger herrschte zwischen Newman und Still eine außergewöhnlich verbitterte Feindschaft, die nicht nur die Künstler selbst betraf, sondern sich auch auf die Menschen auswirkte, die mit ihnen zusammenarbeiteten. Es ist kein Zufall, daß die Albright-Knox Art Gallery 33 Gemälde von Clyfford Still und eine der schönsten Sammlungen des Abstrakten Expressionismus in aller Welt besitzt, jedoch kein einziges Werk von Barnett Newman. Jeder, der Still kannte, wußte, daß er Newman nicht leiden konnte.[39]

Interessanter ist der Versuch, die Signifikanz und intendierte Bedeutung dieser vertikalen, linearen Präsenz zu erklären. Harold Rosenberg sah darin ein »Symbol des Ichs..., verschmolzen in eine außergewöhnliche Einheit«.[40] Die engsten emotionalen Entsprechungen zu den kraftvoll einfachen und strukturierten Linien Newmans und Stills blieben Giacomettis ausgezehrte Bronzefiguren, die Newman 1948 in einer Ausstellung in New York sah, die zehn Tage eröffnet wurde, bevor er **Onement** I malte.[41] Still wie Newman schildern – auf sehr unterschiedliche Art und Weise – die Intensität der existentiellen Angst und menschlichen Zerbrechlichkeit in Giacomettis einsamen Gestalten. Und Still wie Newman sollten schließlich dieses figurative Symbol noch weiter reduzieren, indem sie es in ihren großen, emotional aufgeladenen Farbflächen begruben.

Betrachtet man die Sammlung in Buffalo näher und untersucht, welche Werke Still für seine wenigen großen Ausstellungen auswählte, dann scheint das Jahr 1946 einen Angelpunkt in seiner Entwicklung zu markieren. Die lebendige Präsenz oder Lebenslinie war vollständig in den Boden eingeschmolzen, und damit war eine neue Bildkonzeption entstanden, die einige Kommentatoren vage als »gotisch« bezeichnet haben, die jedoch nach scheinbar übereinstimmender Meinung in der Geschichte der Abstrakten einzigartig ist. In Werken wie **1946-L** und **1946-N** (Tafeln 6, 7) fließen in bemerkenswerter Weise Geste, Form und Raum zu einem Ganzen zusammen. In **1946-L** wird die gesamte Oberfläche des Bildes durch schroffe Farbexplosionen belebt, deren Schub gleichzeitig in alle Richtungen weist. Zackige, asymmetrisch angeordnete Farbgesten sind so sorgfältig eingewoben, daß keine einzige Fläche oder Form eine andere überlappt oder sich gegen eine andere erhebt. Still meidet auch reine Spektralfarben; er verwendet Ocker statt Gelb und Siena statt Orange, so daß, in Anfams Worten, »eine merkwürdige organische Integrität über dem Ganzen« liegt.[42] Diese eng aufeinander abgestimmte Einheit, durch kleinere Funken von Weiß oder Rot belebt, bringt ein großes Feld hervor, das uns zwingt, den Blick über die gesamte Oberfläche des Gemäldes hinweg ständig auf neue Stellen zu richten. Anfam bemerkt, daß Stills Verständnis für die strukturellen Möglichkeiten der Farbe schon in seiner Studie zu Cézanne, den er seiner »Synthese plastischer Elemente in farblicher Hinsicht« wegen bewunderte, deutlich zutage trat. In seiner Magisterarbeit hatte Still überdies den bekannten Sammler Albert Barnes mit den Worten zitiert, Cézannes eigentliche Genialität habe in einer bemerkenswerten Fähigkeit gelegen, Farben »im Gleichgewicht« anzuordnen.[43]

Stills Gemälde von 1946 erinnern vage an Landschaften, ohne sie wirklich zu beschreiben; das heißt, sie suggerieren Landschaftseindrücke und drängen sie gleichzeitig in etwas Trügerischeres hinein. Am Anfang hielt Still an einer Art Doppelrhetorik fest: Er führte etwas Abstraktes vor Augen, das sich gleichzeitig als etwas Vertrautes oder Erkennbares an das Gedächtnis oder das Unterbewußte wandte. Stills **1946-N** besteht neben etwas Grau und Braun und Ausbrüchen von Weiß und Rot, die über das ganze Bild verteilt sind, vor allem aus verschiedenen Schwarztönen. Formen werden angedeutet, dürfen sich jedoch nie vollständig auflösen oder klären. Das Ergebnis ist eine unheilschwangere nächtliche Atmosphäre. Seiner Natur nach neigte Still dazu, seine Bildinhalte vertikal auszurichten. Fast sein gesamtes Frühwerk suggeriert eine starke Aufstiegsbewegung. Selbst wenn er den Landschaftsbezug auf ein Minimum reduzierte – in **1946-N** findet sich nur der letzte Rest eines irdenen braunen Fleckens im unteren Teil – gemahnen seine Bilder immer noch an einen Dialog zwischen der Erde und dem Himmel, an eine vertikale

7 Albert Pinkham Ryder, **The Temple of the Mind**, um 1885
Öl auf Holz, 45 x 41 cm (17 ¾ x 16″)
Albright-Knox Art Gallery, Buffalo, New York,
Gift of R. B. Angus, 1918

Emanation vom Boden zum Kosmos. Tatsächlich suggeriert dieses Gemälde nichts weniger als eine himmlische Offenbarung; ein strahlend weißer Ring oder Heiligenschein krönt einen wild bewegten Abschnitt der mittleren und rechten Bereiche des Gemäldes.

Der Heiligenschein und kleine, aber wirkungsvolle Gesten in Weiß und Rot scheinen durch die Oberfläche des Gemäldes zu schneiden, als würde ein tiefes, warmes Licht ausgelöscht. Dieser dramatische ›Hintergrundlichteffekt‹, den auch Mark Rothko später anstreben sollte, wurde seit den vierziger Jahren zu einem Kennzeichen des Stillschen Werks.[44] Daß Still so früh zu dieser Technik fand, dürfte zumindest teilweise auf Albert Pinkham Ryder (1847–1917) zurückzuführen sein, dessen mystische Landschaften eine Finsternis und Spiritualität beschwören, die sehr an Still erinnern. Ryder, ein Einsiedler von äußerster Aufrichtigkeit, scheinbar weltabgewandt, mit einem starken Glauben an die innere Vision – mit anderen Worten ein Mann von gleicher Art wie Still –, bot das Modell eines Visionärs, der ebenfalls von der sinnlichen Materialität der Farbe gefesselt war. Ryders verträumte Figuren und makabre Landschaften – oft von der Dichtung Edgar Allan Poes inspiriert – strahlen ein transzendentales inneres Licht aus, das dem in Stills Abstraktionen ähnlich ist.

Wie Knox berichtet, sprach Still »sehr selten über andere Künstler, lebende oder tote, doch es gab einige wenige Momente, in denen er auf einen Künstler oder ein Werk zu sprechen kam, das er bewunderte. Ich kann mich erinnern, wie er einmal über unseren Ryder sprach. Er mochte Ryder, und er mochte den Titel des Bildes, der, wie er meinte, das Thema aller Malerei repräsentierte.« Das erwähnte Gemälde ist Ryders **The Temple of the Mind (Tempel des Geistes;** Abb. 7), um 1885, das von Poes Gedicht ›Das Geisterschloß‹ inspiriert wurde. In seinem Text zu diesem Werk in der Sammlung der Albright-Knox Art Gallery behandelt Steven Nash die Zusammenhänge zwischen dem Bild und dem Gedicht. Das Gedicht verwendet das Symbol eines finsteren klassischen Tempels, um, in Poes Worten, »einen von Phantomen heimgesuchten Geist« zu suggerieren. Die ersten Strophen beschreiben einen Palast unbeschwerter und harmonischer Geister, der im weiteren Verlauf des Gedichts zu einem Ort dunkler, unheimlicher Erscheinungen wird, wo »Gebilde sich fantastisch regen zu einer schrillen Melodie«. Ryder drückt diese unheilvolle Stimmung durch spärliche, jedoch strahlende Lichteffekte aus, durch eine dunkle, beklemmende Landschaft und durch eine Ansammlung geheimnisvoller Gestalten, die kaum vom Hintergrund abgehoben sind.[45] Ryder arbeitete am liebsten mit Schwarz-, Grau- und Brauntönen, und er vermochte diesen Farben eine ausdrucksvolle und melancholische Leuchtkraft zu entlocken.

Eine ähnliche Palette wurde in den späten dreißiger und frühen vierziger Jahren auch von Still bevorzugt, und auch ihm gelang es, ein ebenso geheimnisvolles – wenn auch abstrahiertes – Licht hervorzubringen. Wie Ryder bediente sich auch Still eines schweren Impastos, weshalb die Farben beider Künstler als ›schlammig‹ bezeichnet werden konnten.

Ironischerweise behauptete Still von sich, vor allem ein Kolorist zu sein, und bereitwillig gestand er zu, daß er »auf eine neue und für viele unerfreuliche Art und Weise« mit der Farbe umzugehen pflegte.[46] Still verwendete eine entschieden nichtmediterrane Farbenpalette, die dem Auge weit weniger schmeichelte als die vieler seiner Kollegen. Townsend bemerkte dazu: »Ich glaube, er sagte, daß ›Farbe etwas für die Franzosen‹ sei, womit er meinte, Farbigkeit sei zu süß. Matisse mag Wert darauf gelegt haben, daß der Betrachter sich wohl fühlte, Still nicht. Seine Farben und seine Haltung waren mehr amerikanisch, mit einem Anflug des Teutonischen.«[47] Robert Duncan, ein Dichter aus San Francisco, der zusammen mit Hans Hofmann in Provincetown studierte, erinnerte sich daran, daß Stills Farben in den späten vierziger und frühen fünfziger Jahren einen sehr aggressiven Eindruck machten und an der Grenze zum ›Häßlichen‹ lagen. »Er war ein Pionier, was diese aggressiven, sehr urwüchsigen Farben betraf. Ein Pollock konnte daneben geradezu lyrisch wirken.«[48]

Besonders eindrucksvolle Effekte konnte Still erzielen, wenn er hauptsächlich die Farben Schwarz und Weiß verwendete, die seinen ungestümen Bilderfindungen zu einer außergewöhnlichen Eindringlichkeit verhalfen. **January 1947** (Tafel 8) besteht aus einem unruhigen Mosaikfeld aus flammenartigen Schwarzweißformen, die eine leicht bizarre Verflechtung gespenstischer Gestalten evozieren; es könnte sich hier durchaus um eine abstrakte Variante eines früheren figurativen Werks handeln, das zwei miteinander verflochtene Figuren darstellt.[49] Es ist auch denkbar, daß die weißen Schlaglichter und Heiligenscheine und die geheimnisvollen schattenartigen Formen der Bilder der späten dreißiger und frühen vierziger Jahre einfach als Protagonisten in einem Duell zwischen entgegengesetzten Kräften in den Vordergrund getreten sind. Die Schwarzweißformen – die einander paradoxerweise abzustoßen und anzuziehen scheinen – sind mit verschiedenen Brauntönen durchsetzt. Obwohl kaum Zugeständnisse an eine gegenständliche Darstellung gemacht werden, ist deutlich zu spüren, daß sich in dem Bild ein Drama abspielen muß. Die Hinweise auf einen vorzeitlichen oder mythischen Zweikampf werden noch verstärkt durch eine grüne gewundene Form im unteren rechten Viertel des Bildes, die sich einen Weg in den Mittelpunkt der Handlung zu bahnen scheint. Tatsächlich sind Elemente in seiner früheren Bildkonzeption als symbolisch für den »Gegensatz zwischen chthonischen Formen und den Symbolen himmlischer Mächte« gedeutet worden.[50] So richtig diese Deutung auch sein mag, für Still war es, wie Anfam weiter beobachtet, zweifellos ein ungemein persönlicher Kampf, den er in seinem tiefsten Innern ausgetragen hatte. Nach Knox scheint das Bild für Still wichtig gewesen zu sein: »Ich erinnere mich, daß mir nicht allzuviel an dem Bild lag... nicht genug Farbe... er sagte, daß ihm das Bild nicht leicht gefallen sei, doch daß er es sehr möge. Er schalt mich, daß die Farbe nicht alles in diesem ›Kampf‹ gewesen sei, den er einzufangen versucht habe.« Tatsächlich hatte Still das Bild deshalb im wesentlichen auf Schwarz und Weiß reduziert, weil es ihm in erster Linie darum ging, die zwei extremen Seiten seiner Ästhetik zu isolieren – seinen Sinn für die Kraft extremer Helligkeit und extremer Dunkelheit –, wie auch die radikalen psychologischen Extreme, die seine Werke als Gruppe heraufbeschwören. Still entwickelte eine Vielfalt formalistischer und konzeptueller Strategien, um mit den Polen Hell und Dunkel jonglieren zu können.

Stärker vielleicht als alle anderen Abstrakten Expressionisten – einschließlich Rothko, der oft in diesem Zusammenhang genannt wird – setzte sich Still zeit seines Lebens damit auseinander, mit Hilfe der Dunkelheit das Licht zu steigern und mit Hilfe des Lichts eine einzigartige Dunkelheit hervorzubringen.

In gewissen Fällen konzentrierte sich Still auf diese Polaritäten mit einer radikalen Intensität. **1948-E** und **November 1950** (Tafeln 15, 23) stellen zwei Bilder fast identischer Größe dar, die, wie Knox sich erinnerte, nach Stills Anweisungen nah beieinander aufgehängt werden sollten. **1948-E** ist oft als »schwarz« beschrieben worden, obwohl damit der Charakter des Bildes grob unterbewertet und vereinfacht wird. Stills illusorische figurative Elemente sind hier völlig in ein reiches nächtliches Feld aufgegangen. Statt als schwarz könnte man es eher als sinnlich und samtartig beschreiben, als eine Dunkelheit, in der etwas dichtere Schatten in das Gesamtfeld hineinschneiden und den Eindruck einer mehrdeutigen und formlosen, in eine Art Zwielicht eingebetteten Erscheinung hervorbringen. **1948-E** beschwört eine Reihe von ungewöhnlichen visuellen Eindrücken, doch es ist ein Bild, das vom Betrachter mehr als die übliche Zeit verlangt, um angemessen gewürdigt werden zu können. Auf den ersten Blick erkennt man nur eine dunkle, vertikale, rechteckige Form. Doch wie auf die Dunkelheit der Nacht stellt man sich auch schnell auf Stills Dunkelheit ein, und verschiedene Schwarzschattierungen werden sichtbar. Auch ist man überrascht, daß man zunächst die kleinen tief karmesinroten, gelben und violett-purpurnen Flecken nicht wahrgenommen hat, die jetzt beharrlich zur Oberfläche vorzudringen scheinen. **1948-E** entzieht sich jedem Versuch einer photographischen Reproduktion und löst ein scharfes Bewußtsein davon in uns aus, wie wir Farbe wahrnehmen.[51]

Die Schwarzweißmalerei war in den späten vierziger und frühen fünfziger Jahren eine weit verbreitete Richtung, an deren Anfang Picassos **Guernica** gestanden haben dürfte und der wichtige Werkgruppen von Pollock (etwa 1950–1951), de Kooning (etwa 1946–1948), Motherwell, Kline und Reinhardt zuzuordnen sind. Als Teil einer Strategie, die Bildkonzeption auf den wesentlichsten Punkt zu reduzieren, wurde sie fast zu einer Art Bodennullpunkt-Bildkonzeption, besonders im Falle Reinhardts. Nach Lawrence Alloway war die Verwendung von Schwarz »eine der vielen Verzichtserklärungen, die die Maler in der Zeit von etwa 1947–53 leisteten«.[52] Für Still jedoch hatte die Verwendung der Farbe Schwarz nichts mit Verzicht oder Entsagung zu tun. Er arbeitete einfach mit der Farbe, die er allen anderen vorzog. »Da gab es gar keine Frage. Aus welchem Grund auch immer, Schwarz war seine Lieblingsfarbe«, erinnert sich Townsend.[53]

Ein Großteil der früheren figurativen und halbfigurativen Bildgegenstände Stills war in vorzeitlichen oder nächtlichen Sphären angesiedelt. In **1948-E** ist jetzt, wie Anfam schreibt, »die Dunkelheit selbst sichtbar gemacht«, mit einer vielschichtigen emotionalen Präsenz. Was wir zunächst und instinktiv als bedrohlich wahrnehmen, ist in Stills Schwarztönen zu etwas Meditativerem und Eleganterem transformiert. Ja mehr noch, in vielen Arbeiten Stills aus den fünfziger Jahren wurde das Schwarz zu einer aktiven und positiven Kraft. Wie Still es formulierte: »Schwarz war für mich nie eine Farbe des Todes oder des Schreckens. Für mich ist diese Farbe warm – und fruchtbar. Doch jede Farbe ist das, was man aus ihr machen will.«[54] Und Still machte aus der Farbe Schwarz einen der typischen Wesenszüge seiner Malerei. Stills Schwarztöne sind anders als alle anderen Schwarztöne in der Nachkriegsmalerei. Er erfand ein Schwarz, das in der Tat zu leuchten, ein vages inneres Licht zu haben scheint. Bei einer Gelegenheit sprach Still von seinen Schwarztönen als von einer »schwarzen Sonne«.[55]

Paradoxerweise war der Maler der Farbe Schwarz zugleich auch der Maler, der sich zeit seines Lebens intensiv mit dem Licht auseinandersetzte. Stills **November 1950** führt diese Auseinandersetzung deutlich vor Augen. Das Bild ist im wesentlichen das Gegenstück zu **1948-E**, eine Art Pendant von fast identischer Größe. Während dort Dunkelheit Licht hervorbringt, ruft hier das Licht Schatten hervor. **November 1950** ist sicherlich kein klassischer oder typischer Still, doch es ist eines der faszinierendsten und subtilsten Gemälde in der Buffalo-Schenkung. Ein scheinbar einfaches trübgelbes Feld, das oft von Besuchern und Kritikern ignoriert wird. Wie das ›Schwarz‹ von **1948-E** ist jedoch auch seine spezifische Farbe von einer verblüffenden Unbestimmtheit.

Still war zweifellos einer der ersten der amerikanischen Maler seiner Generation, der auf die reduktiven Möglichkeiten einer monochromen Malerei aufmerksam machte, obwohl seine Experimente ihn nie bis an den Rand einer definitiv einfarbigen Bildkonzeption führten. Er war ein Kolorist von bemerkenswerter Subtilität, der im Bereich der emotionalen Wirkungen eng aufeinander abgestimmter Farbtöne ungeahnte Möglichkeiten aufdeckte. **November 1950** führt ein Feld vor Augen, das sich in einem ständigen Oszillieren zwischen Empfindungen von Ocker, Gold, Senffarbigkeit und Gelb-Grau zu befinden scheint. Gelegentlich scheint das gesamte Feld in Bewegung zu sein, als ob unter der krustigen, irdenen Oberfläche des Gemäldes Elemente von Licht und Schatten ein Ballett einstudierten. Das Werk ist ein eindringliches Beispiel für Stills Fähigkeit, durch Farbe einander entgegengesetzte Energien hervorzubringen und jedem Zentimeter fein abgestufter Farbe auch noch das letzte bißchen Bedeutung zu entlocken. Wie **1948-E** wird auch dieses Bild immer delikater und vielschichtiger, je länger man es betrachtet. Scheinbar fast unterschwellige chromatische Verschiebungen verteilen den Brennpunkt unseres Blicks über die gesamte Oberfläche des Gemäldes. Wir sind gezwungen, das Bild vom Teil zum Ganzen hin zu studieren, um annähernd zu erfassen, was im wesentlichen als eine ätherische Kraft des Lichts gemeint ist.[56] Man könnte das Bild als irgendwie jenseits von Farbe beschreiben; Farbe als pures Licht. Die Nebeneinanderstellung von **1948-E** und **November 1950**, von Dunkelheit zu Licht und Licht zu Dunkelheit, erfaßt den dichotomen Charakter der Farben Stills exakt.

Diese Technik, fein abgestufte Farben in einem Gesamtfeld so aufzutragen, daß der Eindruck einer emotionalen oder psychologischen Präsenz entsteht, wurde von Still in einer Reihe beinahe monochromer Werke angewandt, zum Beispiel in dem vielschichtigen grauen **1949** (Tafel 17) und in dem tief blauschwarzen **1949-C** (Tafel 18). Diese Werke können – auch wenn große monochrome Farbflächen vorhanden zu sein scheinen – nicht als monochrom im eigentlichen Sinne bezeichnet werden, denn es ist ihnen eine sinnliche Transparenz zu eigen, die den Eindruck entstehen läßt, daß hinter dem Medium selbst noch etwas liegt. Ein rein monochromes Bild ist flacher und weniger lebhaft. In diesen Werken scheint die Quintessenz der Zielvorstellung Stills erreicht worden zu sein, »Raum und die Figur... in eine totale psychische Einheit...« aufzulösen.[57]

Auf der Höhe seiner Schaffenskraft – von etwa 1945 bis Mitte der sechziger Jahre – trat Still in einen intensiven Dialog mit seinen Farben, nicht nur innerhalb eines bestimmten Gemäldes, sondern auch unter verschiedenen Werken. Jeder, der jemals eine Still-Ausstellung installiert hat, weiß, wie sorgfältig die Bilder aufeinander abgestimmt werden müssen, um die intensiven Farbenergien der einzelnen Werke auszubalancieren. Dies ist zweifellos einer der Gründe, warum Still darauf bestand, die Einrichtungen selbst zu überwachen. Als er 1959 die Hängung der Bilder seiner Ausstellung in Buffalo beaufsichtigte und später die seiner Schenkung, »spielte« Still beständig »mit den Bildern, als seien sie ein riesiges Kartenspiel«.[58] Die Witwe des Künstlers hat bestätigt, daß Still sich sehr bewußt war, daß seine Bilder »die Tendenz hatten, einander zu bekämpfen«, und daß die richtige Raumverteilung und Reihenfolge von größter Bedeutung war.[59]

Für Newman, Still und Rothko wurde die Farbe mit ihren Implikationen zu einem Thema, das sie vollkommen in Anspruch nahm. Auf ihrer Suche nach einer essentiellen, ja absoluten Klarheit der Aussage ›reinigten‹ die Abstrakten Expressionisten ihre Bildkonzeptionen in einem radikalen Prozeß, um das Bild auf eine reine Farbempfindung zu reduzieren. Eine einzelne Farbe oder Färbung einer Komposition dominieren zu lassen, war natürlich keine neue Erfindung. Ein besonders prophetisches Beispiel ist **Das rote Atelier** von Matisse, worin der Künstler im wesentlichen auf einem leuchtend roten Feld die Konturen seiner Ateliereinrichtung beschrieb. Die Innovation von Newman, Rothko und Still lag in ihrer radikalen Eliminierung innerer Formen. Separate Formen sind in einer feldorientierten Struktur aufgelöst, worin der Betrachter von einer überwältigenden Empfindung von Farbe, Licht und Oberfläche verzehrt wird. Die Entscheidung, den Betrachter mit Farbfeldern zu bestürmen, eröffnete neue Format- und Raummöglichkeiten innerhalb dessen, was später als ›Field painting‹ bekannt werden sollte.

Die Steigerung der Größe dieser Felder war der nächste logische Schritt, um eine kraftvolle phänomenologische Aussage zu erreichen. Still wußte das große Bildformat schon sehr früh in seiner Laufbahn äußerst effektvoll zu nutzen. Schon Mitte der vierziger Jahre löste er sich vom Staffeleiformat und nahm damit die Aussage des Kritikers Clement Greenberg vorweg, der dieses Phänomen später wie folgt zusammenfaßte: »Das große Format garantiert die Reinheit und auch die Intensität der Farbe; beides ist erforderlich, um einen unbestimmten Raum zu suggerieren: mehr Blau ist einfach blauer als weniger Blau.«[60]

Genauer gesagt ging es Still jedoch mehr um Komplexität als um Reinheit ihrer selbst wegen. Reinheit identifizierte er mit der Bauhaus-Ästhetik, die er häufig als restriktiv und totalitär beschimpfte. Stills **1949-H** (Tafel 19) könnte zum Beispiel als eine Kampfansage an Mondrians puristischen Geschmack gesehen werden. Das vorwiegend in Rot gehaltene Bild mit gelben und blauen Flecken – Still bezog sich damit bewußt oder unbewußt auf Mondrian, der nur die drei Primärfarben auf seiner Palette zulassen wollte – hat nichts von der Strenge des Spätwerks des niederländischen Künstlers. Indem er sich eines gleichermaßen präzisen Wechselspiels von Format, Farbe und Feld bediente, transformierte Still Mondrians Metaphysik in etwas Grandioseres und Sinnlicheres. Das rote Feld, das wohlüberlegt mit schwarzen Rissen durchzogen ist, scheint zwischen Karmesin und einem tiefen Ochsenblut zu changieren. Der kleine leuchtende blaue Flecken auf der unteren rechten Seite des Bildes hat genau die Position, um die Komposition im Gleichgewicht zu halten; vor allem jedoch läßt er das rote Feld lebendig werden. Während das Auge zwischen diesen Akzenten hin- und herspringt, scheint die Röte zu pulsieren, als wäre sie in gewisser Weise organisch.

Der gelbe Streifen setzt nicht nur metaphorisch das rote Feld in Flammen, er dringt auch von außerhalb in »den lebenden Geist« dieses Feldes ein und impliziert damit ein Kontinuum jenseits des Bildes. Im Gegensatz zu seinen Kollegen wollte Still sich nicht mit einem Feld zufriedengeben, das zwar die gesamte Bildoberfläche bedeckte, jedoch innerhalb des Bildes gefangen blieb. Er richtete das Auge über den Rand hinaus, als ob das Bild von einer unsichtbaren Kraft hervorgebracht würde. Wiederum scheint Still Mondrians abgemessene Metaphysik mit der Gesinnung eines visionären Romantikers zu verwerfen, wenn er sagt: »Es war unerträglich, von einem Rahmen aufgehalten zu werden: ein euklidisches Gefängnis. Es mußte niedergerissen, seine autoritären Implikationen mußten zurückgewiesen werden, ohne die eigene Integrität und Idee in Material und Manierismus aufzulösen.«[61]

Stills Einstellung zur Farbe könnte wie bei Kandinsky von symbolischen Faktoren bestimmt gewesen sein. 1946 war in New York die englische Übersetzung von Kandinskys ›Über das Geistige in der Kunst‹ veröffentlicht worden, und es ist oft darauf hingewiesen worden, daß diese Schrift einen bedeutenden Einfluß auf die Abstrakten Expressionisten – auch auf Still – ausgeübt haben könnte. Tatsächlich könnte man diesen Einfluß in Stills **1949-H** sehen, und auch in seiner früheren Äußerung, er sei ein Maler »der Erde, der Verdammten und der Wiedererschaffenen«.[62] Eine indirekte Parallele zu Kandinsky läßt sich ziehen: »Gelb ist die typisch irdische Farbe ... Blau ist die typisch himmlische Farbe ... Zum Schwarzen sinkend, bekommt es den Beiklang einer nicht menschlichen Trauer.«[63] Und »die rote Farbe kann eine der Flamme ähnliche seelische Vibration verursachen, da das Rot die Farbe der Flamme ist. Das warme Rot wirkt aufregend, dieses Rot kann sich bis zu einer schmerzlichen Peinlichkeit steigern, vielleicht auch durch Ähnlichkeit mit fließendem Blut.«[64]

Auch wenn Still mit seiner Bildkonzeption und seinen Farben vielleicht keine fest umrissene Symbolik illustrieren wollte, so war er doch wie Kandinsky auf der Suche nach einer ursprünglichen und spirituellen Bildsprache. Man hat vermutet, daß die Farbe für Still wie auch für Newman und Rothko ein Mittel zur »Regression« zu einem primitiven und dennoch transzendenten psychologischen Zustand war. Kandinsky hatte die Farbe erforscht, um mit ihrer Hilfe einen intuitiven Dialog zwischen dem denkenden Ich und einem ursprünglicheren, unbewußten Zustand vor Augen führen zu können. Still und seine Kollegen gingen darüber hinaus und benutzten relativ undifferenzierte Farbfelder, um den Betrachter einzuwickeln und eine »Einheit der präsymbiotischen Zeit« zu etablieren, in der die Persönlichkeit vorübergehend in einen umfassenderen, zeitloseren Zustand eingebunden ist, der an den Mutterleib oder den Tod erinnert.[65]

Mitte und Ende der fünfziger Jahre erreicht Stills Bildkonzeption ihr anspruchsvollstes Niveau; alle Dualitäten, die ihn bisher beschäftigt hatten, trafen jetzt zusammen. Das Gemälde **1954** (Tafel 28) zeigt Still vielleicht auf dem Höhepunkt seines Schaffens. Stills Drang zur Vertikalen wurde zunehmend theatralischer, je größer das Format seiner Gemälde wurde. Das ›gotische‹ Aufstreben, das in so vielen seiner Bilder zu finden ist, auch in seinen frühen Selbstporträts (und vielen der später veröffentlichten photographischen Porträts des Künstlers) und seinen frühen Landschaften, hat jetzt Raum, um Atem zu holen und sich horizontal auszubreiten. Dichte und zerklüftete monumentale rote Formen teilen ein tiefschwarzes Feld in zwei Teile und führen einen einfach proportionierten Rhythmus in das Bild ein. Obwohl der vertikale Impuls auch hier dominiert, wird ein Eindruck erweckt, der an eine Art feierliche Prozession erinnert. Die Farbbereiche sind so ausbalanciert, daß das Bild verschiedene Assoziationen hervorruft: rote Flammen, die aus einem schwarzen Feld aufsteigen, oder auch einen gewaltigen schwarzen Eisberg, der sich seinen Weg durch einen brennenden roten Raum bahnt. Eine weiße, stalagmitenartige Form, die sich vom unteren bis zum oberen Rand des Bildes hindurchzieht, versucht dessen kraftvolle Räumlichkeit zu dämpfen.

**1954** fordert zu einem kurzen Vergleich mit Newmans berühmtem **Vir Heroicus Sublimis** von 1951 heraus. Beide Gemälde zeigen den jeweiligen Künstler an einem besonders entscheidenden Punkt in seiner Vision und führen eine gemeinsame Passion wie auch tiefgreifende Unterschiede vor Augen. Newmans gewaltige, durch seine scharfen, vertikalen ›Zips‹ unterbrochene rote Fläche scheint von göttlicher Hand durchkalkuliert und von einer leidenschaftlichen Intellektualität beseelt zu sein, als seien die in seinem monumentalen Feld beschworenen geradlinigen Räume aus einer persönlichen Formel des Goldenen Schnitts abgeleitet. Newman beschwört mit seiner Vision ein architektonisches Denken; er verdichtet das einfache Vergnügen an der roten Farbe in einen perfekten, bezugslosen, postmodernen Behälter mitsamt Umgebung – ein immenses Rechteck, das, so die

Empfehlung des Künstlers, aus relativ geringem Abstand betrachtet werden sollte. Matisse' **Rotes Atelier** ist hier so transformiert, daß der Maßstab und die Präzision eines neuen Zeitalters angesprochen werden. Darstellung und Symbol hinter sich lassend, erfaßte Newman eine Schönheit, die aus dem absoluten Ausdruck des Geistes abgeleitet ist, einem Herrschaftsbereich der reinen, rationalen Form.

Stills **1954** ist möglicherweise zwar ebenso durchkalkuliert und voller Leidenschaft, doch Anklänge an die euklidische Geometrie sind sicherlich kaum zu finden. Stills vertikale ›Flammen‹ sind majestätisch und scheinbar unkontrollierbar. Newmans Rot schwebt wie ein schimmernder Lichtschleier. Stills Rot und Schwarz drängen sich aggressiv zum Betrachter hin. Newmans Geometrie organisiert das Licht in eine dichte chromatische Ebene hinein. Thomas Hess schrieb mit Bezug auf Newmans Farbe, der Betrachter könnte sich vom »Chaos der roten Farbe« durchtränkt »und dann von der organisierenden Energie der vertikalen Gliederung angerührt« fühlen.[66] Mit den Worten Schrecken und Chaos läßt sich die emotionale Beschaffenheit von Stills **1954** angemessen beschreiben, auch wenn man sie eher mit Newmans Rhetorik in Verbindung bringt. Stills Licht, in seinem unheimlichen Zwielicht kaum faßbar, scheint sich dem Blick unablässig aufzudrängen und zu entziehen. Zwei weiße Risse durchteilen diesen Raum wie Blitze, wie Vorboten der Offenbarung oder der Apokalypse. **1954** gehörte nicht zu Stills Schenkung, sondern war das erste Bild, das er der Albright-Knox Art Gallery verkaufte. Er hatte eine hohe Meinung von diesem Bild. Knox erinnerte sich, daß Still es als ein Gemälde bezeichnete, das auf den starken Zusammenhang zwischen »Himmel und Erde« verweisen sollte.

Das ebenso ambitiöse Bild **1957-D No.1** (Tafel 31) konfrontiert den Betrachter ähnlich brüsk. Der dynamische Kontrast zwischen schroffem Gelb und Schwarz, das vom oberen Rand der Leinwand hinabsinkt oder aus dem Boden des Bildes hervorexplodiert, ruft den Eindruck heftiger Blitze hervor, die eine dunkle Leere durchschneiden. Die Ränder der Farbinseln – scharf und zerklüftet – definieren nicht einfach eine Form, sondern begründen Aktionslinien und eine turbulente Bewegung. Stills Figuren drängen und winden sich durch dunkle leere Räume. Sie sind sozusagen zu Geistern geworden, die diese ätherischen Landschaften heimsuchen. Die außergewöhnlich leuchtenden gelben Formen, die in **1957-D No. 1** unten rechts hervorspringen, rufen die Bemerkungen aus dem ›Magazine of Art‹ vom März 1948 ins Gedächtnis, in denen Still indirekt zitiert wird: »Still ist sich dessen bewußt, daß seine flüssigen, oft flammenartigen vertikalen Formen von der Flachheit der Ebenen von Dakota beeinflußt worden sind; es sind lebende Formen, die aus dem Boden hervorspringen.«[67]

Stills ausgeprägtes Interesse an der Vertikalität und seine Tendenz zu zerklüfteten, beinahe geologischen Formen haben zu zahlreichen Versuchen geführt, seine Bildkonzeption auf die Landschaftsmalerei und einige der damit verbundenen philosophischen Deutungsmodelle zu beziehen. Tatsächlich gehörte der mögliche Landschaftsbezug in seinen Gemälden der vierziger und fünfziger Jahre zu den häufiger erörterten Fragen im Zusammenhang mit seinem Werk. Viele Rezensenten der frühen New Yorker Ausstellungen des Künstlers konzentrierten sich auf Stills Herkunft aus dem amerikanischen Westen und bezogen diese biographische Tatsache auf die grandiosen Räume und gebirgigen Formen, die sie in seinem Werk sahen. Diese Tendenz ist für die Mehrheit der Kommentare zu Stills Werk bis heute charakteristisch geblieben.

Das überzeugendste Argument ist von Robert Rosenblum vorgebracht worden, der Stills Bildkonzeption wie auch die mehrerer anderer Abstrakter Expressionisten auf die romantischen Landschaftsdarstellungen des 19. Jahrhunderts bezogen hat. Rosenblum führt die, wie er es nennt, romantische Tradition des Nordens auf Vorstellungen vom Göttlichen, vom Transzendentalen und besonders vom Erhabenen zurück. Nach Newman, der bei mehreren Gelegenheiten auf diesen Begriff zurückgriff, war Rosenblum der erste Autor, der die Idee des Erhabenen zu neuem Leben erweckte und auf das Werk von Still, Rothko, Pollock und Newman anwendete. Rosenblum räumt zwar ein, daß der romantischen Landschaftstradition eine radikal andere Weltanschauung zugrunde liege, jedoch sei der Begriff des Erhabenen auch für diese vier Künstler von großer Bedeutung.[68]

Tatsächlich scheint der Begriff des Erhabenen – mit allen seinen Konnotationen von Furcht und Ehrfurcht – zu Still, der einer Überromantisierung der Landschaft und des Landlebens skeptisch gegenüberstand, besonders gut zu passen. Still war sich dessen nur allzu bewußt, daß das Ideal des idyllischen Landlebens seit der Entdeckung Amerikas zur Definition der Bedeutung dieses Landes herhalten mußte. Amerika, so erzählt man sich, hatte dem europäischen Geist eine unverbrauchte neue Landschaft und ein neues Leben zu bieten. Für Stills Familie und für viele andere jedoch, die den Ebenen des Westens ihren Lebensunterhalt abzuringen hatten, war die Landschaft von der harten Realität des täglichen Lebens nicht zu trennen, von den Dürren der kanadischen Prärie, wo Still seine Jugend verbrachte, ganz zu schweigen.[69] Die, die den Künstler gut kannten, sagen, sein Verhältnis zur Natur sei von einer Haßliebe geprägt gewesen. Er hatte »Respekt vor ihr, sprach jedoch nie sentimental von ihr«.[70]

Auch wenn Still später jede Beziehung zwischen seiner Bildkonzeption und der Landschaft zurückweisen sollte, zitierte ein anonymer Kritiker den Künstler 1947 in ›Art News‹ wie folgt: »Er [Still] sagt, er beschäftige sich eindringlich mit der Figur in der Landschaft und verbinde dieses Sujet mit Untertönen des Lebenskampfes des Menschen und seiner Verschmelzung mit der Natur.«[71] Außerdem war Still wie viele seiner Kollegen nicht völlig immun gegen die mythische Verherrlichung des Pioniergeistes. So bemerkte er zum Beispiel einmal: »Es war eine große Freiheit, die Pollock und ich im Westen verspürten, wenn wir über die Berge hinweg schauten und meilenweit weiterziehen konnten.«[72] In seinem Beitrag für den Katalog zur Ausstellung in Buffalo setzt Still seine Freiheit als künstlerischer Pionier in einer großartigen Metapher mit einem kreativen Aufenthalt zwischen »den finsteren und verwüsteten Tälern« und der »klaren Luft« »einer grenzenlosen Hochebene« gleich.[73]

Still sprach oft in Metaphern, wenn er ein Argument anbringen wollte, doch die Behauptung, seine zerklüfteten Formen stellten Berglandschaften dar, ist genauso unzutreffend wie die, Rothkos zarte Schleier schilderten eine nebelverhangene Küste. Seine Herkunft aus dem Westen kommentierte Still mit den Worten: »Die Tatsache, daß ich in der Prärie aufgewachsen bin, hat mit meinen Gemälden, damit, was die Leute darin finden zu glauben, nichts zu tun. Ich male mich selbst, nicht die Natur.«[74] Die Subtilität dieser Äußerung liegt darin, daß er implizit der Landschaft eine Absage erteilt, ohne sich der »Natur« zu verschließen.

Pollock war in dieser Hinsicht genauso eindeutig. Hans Hofmann kritisierte einmal ein Gemälde Pollocks mit der Bemerkung: »Dieses Bild taugt nichts. Du arbeitest aus dem Herzen heraus. Du wirst dich nur wiederholen. Du mußt nach der Natur arbeiten.« Pollocks Antwort war ein entschiedenes »Ich bin die Natur.«[75] Die Äußerungen beider Künstler weisen auf etwas hin, was als Verinnerlichung von Landschaft und Natur bezeichnet werden könnte.[76] Es ist somit vielleicht keine unplausible Vorstellung, daß Still emotionale Empfindungen hervorbringt, die gewissen Naturphänomenen entsprechen; daß er kraftvolle Metaphern schuf, die das gleiche Gefühl ehrfurchtsvollen Erkennens im Angesicht der Natur vermitteln, das Caspar David Friedrich und andere Romantiker des 19. Jahrhunderts erlebten.

In seiner oft zitierten Abhandlung über das Erhabene identifizierte Edmund Burke seinen Gegenstand als ein in eine gotische Atmosphäre eingetauchtes, durch Eigenschaften wie Schrecken, Dunkelheit und gewaltige, unergründliche Dimensionen charakterisiertes Phänomen. Andere von Burke beschriebene Kennzeichen des Erhabenen – Rauheit der Oberfläche, melancholische Farben – bieten sich geradezu an, auf Stills Werk angewandt zu werden. Stills riesige vertikal ausgerichtete Farbflächen rufen auch den Eindruck eines Abgrunds hervor, der die Winzigkeit und Endlichkeit des vor dem Bild stehenden Betrachters unterstreicht. Der Künstler akzentuiert die Unermeßlichkeit seiner Farbfelder, indem er kleine, fragile Gesten in diesen leeren Raum hineinsetzt. In **September 1955** (Tafel 30) stürzt eine dünne, fadenartige Farbspur vom oberen Bildrand aus mehr als zwei Meter durch ein massives, flammenartiges rot-oranges Feld hinab.

Als er 1963 über das Erhabene sprach, bemerkte Still jedoch: »Das Erhabene? Seit meinen frühesten Studententagen hat es in meinen Studien und in meiner Arbeit eine alles überragende Rolle gespielt. Es läßt sich aber in seinem Wesen kaum fassen oder definieren – nur eines kann man mit Sicherheit sagen: es läßt sich dort am wenigsten finden, wo am meisten darüber geschwatzt wird.«[77] Still hatte ethische Vorbehalte gegen Künstler, die »Einflüsse« mit sich herumtrugen, gleichgültig, ob es sich dabei um ein kaum faßbares Konzept wie das Erhabene handelte oder um die Namen bestimmter Künstler, die ähnliche Themen wie sie selbst bearbeiteten. Knox erinnerte sich: »Er war fest davon überzeugt, daß Künstler nicht auf die Vergangenheit zurückgreifen sollten, um ihr Werk zu erläutern, doch wenn der richtige Moment gekommen war, war er nicht zu stolz, einigen wenigen Künstlern seine Anerkennung zu zollen. Sommer für Sommer kam er nach Buffalo, und soweit ich mich erinnern kann, erwähnte er in all diesen Jahren nur Turner und Ryder, und immer nur kurz.« Einmal sprach Still über einen englischen Kritiker, der sich negativ über ihn geäußert hatte, und bemerkte: Wenn dieser Kritiker nur wüßte, wie eng die Kraft in diesen Bildern der verwandt ist, die aus Turners großen Gemälden spricht...

Stills Kunst und Philosophie und Turners Spätwerk weisen zweifellos eine Reihe von gemeinsamen Zügen auf (Abb. 8). Beide Künstler ließen sich von der Natur inspirieren und setzten den Gehalt ihrer jeweiligen Umgebung in unterschiedlich subjektive und oft aufgewühlte Formen um. Jeder schuf auf seine Weise gewaltige Energiefelder. Das Licht in Stills Gemälden projiziert eine flirrende Präsenz. Viele seiner Werke strahlen ein dunkles, silbriges Glühen aus, einen dämmerungsartigen Effekt, der vielleicht auf Turner zurückgeht oder auf das Zwielicht der langen Winter- und Sommernächte in den nördlichen Breiten, wo Still so viele Jahre seines

Lebens verbrachte.[78] Vielleicht ging es ihm auch darum, das Licht Cézannes nachzuvollziehen, das W. H. Wright wie folgt beschrieben hatte: »Das Licht deutet keine bestimmte Tages- oder Nachtzeit an; es ist weder dem Morgen noch dem Nachmittag entnommen, weder dem Sonnenlicht noch dem Schatten.«[79] Ruskin, der Turners Werk unter zahlreichen Gesichtspunkten kommentierte, beschrieb, wie wichtig es ist, Farben zu modifizieren, um Licht hervorzubringen: »Gebt mir etwas Schlamm von einer Straßenkreuzung, etwas Ocker aus einer Kiesgrube, ein wenig Schlämmkreide und etwas Kohlenstaub, und ich werde euch ein leuchtendes Bild malen, wenn ihr mir die Zeit gebt, meinen Schlamm abzustufen und meinen Staub zu dämpfen.«[80] Ruskins Analogie klingt wie eine bemerkenswert treffende Beschreibung der Farben und Oberflächen Stills.

Die Aufmerksamkeit, die Still der Oberfläche widmete, spielte für die Qualität des Lichts, die er erreichte, eine wichtige Rolle. Auf den ersten Blick und aus größerer Entfernung machen seine großformatigen Gemälde aus den fünfziger Jahren einen explosiven und spontanen Eindruck, als seien sie Beispiele für die aus der unmittelbaren Inspiration heraus entstandene Kunst, für die der Kritiker Harold Rosenberg den Begriff ›Action-painting‹ prägte. In seinem berühmt gewordenen Essay über den Abstrakten Expressionismus schrieb Rosenberg: »Für einen amerikanischen Maler nach dem anderen war die Leinwand in einem bestimmten Augenblick nicht mehr ein Raum, in dem ein konkretes oder vorgestelltes Objekt wiedergegeben, umgestaltet, analysiert oder ›ausgedrückt‹ wird, sondern wurde zu einer Aktionsarena. Was auf der Leinwand erscheinen sollte, war kein Bild, sondern ein Ereignis.«[81] Was in Stills Werk auf den ersten Blick als spontan erscheint, erweist sich jedoch bei näherer Betrachtung als das Ergebnis beträchtlicher Überlegung und Kunstfertigkeit. Tatsächlich war Stills Arbeitsmethode denkbar weit entfernt etwa von der de Koonings und Pollocks, die auf einigen Photographien über und über mit Farbe bespritzt zu sehen sind. Seiner Witwe zufolge beschmutzte sich Still »selten mit Farbe und arbeitete immer sehr sorgfältig. Mit Rothko lachte er immer darüber, wie dieser es fertigbrachte, so viel Farbe auf seine Kleider zu bekommen.«[82]

Die Art und Weise, wie Still mit dem Streichmesser arbeitete – mal macht der Farbauftrag einen sinnlichen Eindruck, mal einen eleganten, und dann wieder einen aggressiven – ist eher auf die Tradition der geschichteten Oberflächen in der Malerei Turners oder Ryders zurückzuführen als auf Rosenbergs Konzept des Action-painting. Die reichen organischen und stimmungsvollen Oberflächen Stills erinnern insbesondere an Ryder. Bei Still wie bei Ryder ist die Technik des Farbauftrags für die emotionale Wirkung des Werks von ebenso großer Bedeutung wie das abstrakte Bild oder die Landschaft, die dargestellt wird. Still arbeitete gleichzeitig mit dem Streichmesser und mit dem Pinsel, und seine Oberflächen sind komplex und vielschichtig. Es gibt Stellen, an denen die Farbe trocken und matt ist; andere von hohem Glanz deuten eine größere Ausgewogenheit des Farbauftrags an. Die Farbkonsistenz reicht von einer dünnen, weichen Paste bis zu einer dicken, festen, die mit einem Spachtel aufgetragen worden ist. Es gibt Bereiche von dichtem Impasto und andere, wo der Künstler Farbklumpen und -schichten von seiner Palette gekratzt zu haben scheint und eingemischt hat, um eine Struktur hervorzubringen. Hier und da gibt es andere Bereiche, die unbemalt belassen wurden und wo das Weiß der Leinwand zu einem Bestandteil der Gesamtkonzeption wird.

Stills Farbauftrag kann fast als skulptural bezeichnet werden; er ›meißelte‹ die Farbe in Form und melierte damit seine Farben und belebte die Oberfläche. Viele seiner Gemälde weisen einen reichen Wechsel von glänzenden und matten Oberflächenbereichen auf, vor allem die Werke der fünfziger Jahre. Wie seine Witwe berichtet, benutzte Still keine handelsüblichen, maschinell gemahlenen Farben, sondern bestand darauf, seine Pigmente selbst zu mahlen und auf einer Palette in gekochtes Leinöl einzumischen. »Er hatte eine ganz genaue Vorstellung davon, welche Wirkung er mit matten und glänzenden Bereichen erreichen wollte – nichts blieb dem Zufall überlassen.« Still mischte sich seine eigenen Farben, weil »Farbpartikel das Licht einfangen konnten, während handelsübliche Pigmente dafür zu fein gemahlen waren«.[83] Darin könnte die Erklärung für eine Bemerkung Stills zu seiner Ausstellung von 1959 in Buffalo liegen: »Ein Problem war, daß die Museumsleute dazu neigten, alle meine Gemälde überzubeleuchten . . ., meine letzte Anweisung an Mr. Smith war, ›Sie können die Beleuchtung ausschalten. Die Bilder haben ihr eigenes Feuer‹.«[84]

Mit Hilfe großer Mengen Leinöl erreichte Still eine bemerkenswerte Bandbreite glänzender Farben, die einen völlig nassen Eindruck machen. Tatsächlich sind einige Pigmente seiner Bilder noch heute nicht völlig eingetrocknet. Indem er absichtlich sehr wenig Leinöl verwendete, gelang es Still, einen matten, fast schon verkohlten Eindruck zu erreichen. Seine Schwarztöne sind in dieser Hinsicht besonders wirkungsvoll. Oft sind in einem bestimmten Pigmentbereich von einer trockenen und ausgedörrten, an verbrannte Holzkohle erinnernden Erdhaftigkeit bis hin zu einer nassen oder glänzenden Sinnlichkeit alle Abstufungen zu finden. Auf den fast

8 J. M. W. Turner, **Stormy Sea with Blazing Wreck**, um 1835
Öl auf Leinwand,
100 x 142 cm (39 1/4 x 55 3/4″)
The Tate Gallery, London

wandgroßen Dimensionen, die Stills Gemälde schließlich erreichten, rufen diese Übergänge eine stimmungsvolle Dramatik hervor, die in der Nachkriegsmalerei ohne Beispiel ist. In mehreren Fällen suggerieren glänzende Pigmentbereiche innerhalb ansonsten matter Oberflächen eine diachrone Landschaft aus Erde, Pigment und Blut. So, wie er seine Braun-, Grau- und Schwarztöne irden erscheinen ließ, verliehen seine reichen, leuchtenden Oberflächen auch seinen Rottönen die Sattheit von Blut. Auf eine strikt stoffliche Art und Weise verschmolz Still metaphorisch Blut und Stein miteinander. Als Rothko bemerkte, Still glaube, er sei ein Maler »der Erde«, dachte er zweifellos an den ursprünglichen und materiellen Charakter der Oberflächen Stills.

Es gibt einigen Anlaß zur Sorge, daß mehrere Farben Stills sich im Laufe der Zeit verändern, weil die Pigmente sich zersetzen und austrocknen. Dieser Umstand führt dazu, daß diese Farben – vor allem Rot- und Schwarztöne – heute weniger farbintensiv sind und auf der Oberfläche beträchtlich weniger glänzen als vor etwa fünfzig Jahren. In seinen schriftlichen Anweisungen zum Umgang mit seinen Gemälden notierte Still: »Mittlere und variable Lichtstärken sind unabdingbar, um eine Verdunkelung des Ölbindemittels zu verhindern. Die Bilder dürfen nicht für längere Zeit grellem oder intensivem Licht ausgesetzt werden, damit die reflektive Intensität der verschiedenen Pigmente bewahrt bleibt.«[85] Einiges spricht dafür, daß Still sich dessen bewußt war, daß die Farbe auf einigen seiner Gemälde allmählich an Glanz verlor. Er empfahl jedenfalls, daß in solchen Fällen ein wenig gekochtes Leinöl zusätzlich eingespritzt oder an gewissen Stellen Firnis aufgetragen werden sollte, um das Problem zu beheben.[86]

Gelegentlich wandte Still später eine Methode an, die seinem Farbauftrag in dicken Schichten entgegengesetzt war, indem er mit Hilfe eines Schabmessers ungewöhnlich dünne und spärliche Pigmentschichten anlegte. An manchen Stellen scheint sogar die Leinwand durch, wodurch ein subtiler Unterton von Helligkeit erreicht wird. Diese Technik stellt das Gegenstück zur früheren dar, mit Hilfe weißer Glanzlichtflecken aus reichen irdenen Feldern heraus ein geheimnisvoll intensives Licht zu projizieren.

**November 1954** (Tafel 29) gehört zu einer Gruppe von Werken, in denen große Flächen unbemalter Leinwand und grelle Farben miteinander kombiniert sind, um eine neuartige Räumlichkeit hervorzubringen.[87] Das Werk besteht hauptsächlich aus weißem Pigment, das zart auf einer warmen, hellbraunen Leinwandgrundierung schwebt. Kleine orangefarbene, rote und blaue Flecken im unteren Viertel des Bildes suggerieren etwas Ätherisches und Weiches, das man nicht unbedingt mit Still in Verbindung bringen würde. Das Bild, das zweifellos zu einer wichtigen Gruppe von Übergangswerken gehört, bittet förmlich um eine symbolische Deutung. Ein kleiner, tiefer, blutroter Farbfleck hängt zwischen einer Schar orangefarbener, flammenartiger Gesten, die vom unteren Rand des Bildes und von einer wuchtigen weißen Form aus aufwärts züngeln. Es ist, als lasse Still die lebende Präsenz seiner Bildwelten, die Figur oder das Leben, das, wie er selbst sagt, hinter allem steht, in einer Blakeschen Vision sanft zwischen Himmel und Hölle schweben.

In **April 1962** (Tafel 32) nutzt Still den unbehandelten Leinwandhintergrund außerordentlich wirkungsvoll. Riesige Leinwandbereiche sind unbemalt belassen und rufen ein verblüffendes Strahlen hervor, das unter der ganzen Bildoberfläche hervorbricht. Es ist, als wäre das flimmernde Licht, das in den früheren Werken tief vergraben war, explodiert und habe das ganze Feld aufgebrochen. Ironischerweise rückte Still gerade zu der Zeit unmittelbar ins Licht vor, als sein Freund Mark Rothko neue Bereiche der Dunkelheit für sich entdeckte (aus denen Still gekommen war). Expressive Ausbrüche von Rot, Grün und Gelb schweben gegen den ruhigen Raum, der von der unbehandelten Leinwand hervorgebracht wird. Ein Rezensent beschrieb diesen Eindruck der Befreiung treffend wie folgt: »... wir kommen uns vor, als seien wir plötzlich von irgendwo tief im Innern der Erde nach irgendwo draußen im leeren Raum hinauskatapultiert worden. Ein geologischer Raum ist einem galaktischen gewichen ...«[88]

Dieser neue Sinn für nach außen gerichteten Optimismus tritt auch in den Äußerungen des Künstlers zum Akt des Malens zutage. In einer Tagebuchaufzeichnung von 1956 scheint sich der Maler »der Verdammten« zu dem »der Wiedererschaffenen« verwandelt zu haben:

> Ruhig. Habe vier Leinwände aufgespannt und bin völlig erschöpft. Ein großes, freies Gefühl der Freude durchströmt mich, wenn ich arbeite. Nur werden die Konzeptionen zu schnell geboren. Und mit festen Pinselstrichen und einigen Spachtelhieben empfangen die wunderschönen weißen Felder ihre Farbe, und das Werk ist in wenigen Minuten vollendet. So wie Belmonte das Muster seiner Existenz webt, indem er sich von den kraftvollen Stieren umwirbeln läßt, scheine ich eine vergleichbare Ekstase zu erreichen, wenn ich das flammende Leben auf diesen großen empfänglichen Leinwänden entstehen lasse. Und wie die Blau- oder Rot- oder Schwarztöne in ihrer zarten Umgebung springen und beben oder in harten Stößen emporsteigen, um ihre Kraft unendlich weit über die Grenzen des Bildfeldes hinaus zu tragen, bewege ich mich mit ihnen und finde eine Auferstehung aus der todesschwangeren Beklemmung, die mich nur Stunden zuvor beherrschte. Nur sind sie zu schnell abgeschlossen, und ich muß schnell zu einem anderen übergehen, damit diese Stimmung lebendig und von der Mühsal unbelastet bleibt, die ich, wie mir meine puritanischen Reflexe zu verstehen geben, als Preis für meine Freude werde zahlen müssen.[89]

Diese späte Sparsamkeit der Mittel bot Still eine neue Möglichkeit, eine expressionistische und visionäre Bildsprache zu einer Zeit am Leben zu erhalten, als der Abstrakte Expressionismus sich selbst zu hintergehen begann. An diesem Prozeß waren nicht nur viele Vertreter der ersten Generation beteiligt, die nur noch stilistische Standardgesten aufzubieten hatten, sondern auch eine neue Generation, die zwar die äußere Form dieser Richtung übernommen hatte, kaum jedoch etwas von ihrem Inhalt. Auch wenn Still noch fast zwei Jahrzehnte lang weiterhin neue Formenkombinationen entwickeln sollte, in Werken wie **April 1962** erreichte er einen Höhepunkt seiner künstlerischen Entwicklung und der visionären Reise, über die er, wie schon zitiert, in seinem Beitrag zur Ausstellung in Buffalo gesprochen hatte:

> Es war wie eine Reise, die man unternehmen muß, allein, zu Fuß und immer geradeaus. Ruhepausen oder Abkürzungen waren nicht erlaubt. Und mit aller Willenskraft mußte man sich gegen jede Herausforderung behaupten, gegen jeden Triumph wie jeden Fehlschlag oder gegen die Lobpreisungen, die der Jahrmarkt der Eitelkeiten zu bieten hat. Bis man die finsteren und verwüsteten Täler durchquert und endlich klare Luft erreicht hatte und auf einer grenzenlosen Hochebene stehen konnte. Die Imagination, nicht länger durch die Gesetze der Furcht gehemmt, und die Vision wurden wie eins. Und der Malakt, intrinsisch und absolut, war ihre Bedeutung und der Träger ihrer Leidenschaft.[90]

Das letzte Werk in Stills Schenkung an die Albright-Knox Art Gallery, **1963-A** (Tafel 33), ist ein sachliches und elegant-unauffälliges Bild, ein gebrochen weißes Feld, das von einem ›schwarzen Flügel‹ durchstoßen wird, der als eine Art Koda zu Hubert Crehans Formulierung »Schwarzer Engel in Buffalo« gedeutet werden könnte.[91] Die dunkle, federartige Form reißt das weiße Feld auf, um auch hier einen reichen, dunklen Kern aufzudecken. Für Still war dieses Werk eine weitere Auseinandersetzung mit der Farbe Schwarz, um erneut ein anderes Licht und ein neues Gefühl für das Spirituelle hervorzurufen. Still bemerkte zu Knox: »Vielleicht hatte er [Crehan] recht. Dort hängt sein ›schwarzer Engel‹«, und er vermutete, daß er die Besucher mit seiner Kärglichkeit und Dunkelheit verstören werde. Während er einmal zusammen mit seinem Freund Seymour Knox in der Albright-Knox Art Gallery vor Gauguins **Gelbem Christus** stand, fragte er sich laut, ob die Menschen schon auf einen schwarzen Christus vorbereitet seien.

Still ging es nicht nur um die Dunkelheit des Chaos und der Tragödie, von der Newman sprach, sondern fast schon um eine Finsternis des Bösen. Er huldigt in seinem Werk der Haltung des Dichters Wallace Stevens, der den Tod Satans als eine Tragödie für die Vorstellungskraft bezeichnet hatte. Indem er sich erneut der fundamentalen Dualität von Schwarz und Weiß zuwandte (mit einer kleinen charakteristischen blutroten Geste im oberen rechten Teil des Bildes), führt Still uns zum paradoxen und konzeptuellen Charakter seiner Vision zurück. **1963-A** stellt eine ungemein verdichtete Gefühlsaussage dar – explosiv, und dennoch durchkalkuliert. Wie Picassos **Guernica** konnten auch gewisse Bildkonzeptionen Stills nur als Schwarzweißkompositionen realisiert werden. Farbe, wenn nicht höchst sparsam dosiert, hätte von der eindringlichen Ernsthaftigkeit der Botschaft nur ablenken können. Wie Still es formulierte, handelt es sich bei diesen Bildern »nicht um Gemälde im üblichen Sinne; Leben und Tod gehen hier in furchtbarer Eintracht ineinander über«.[92]

In vielen Werken Stills sind wir möglicherweise Zeugen eines Restaurationsprozesses. Die Identifikation des Künstlers mit uranfänglicher Einheit in seinen frühen Arbeiten wandelt sich in seinen späteren Werken in etwas um, das das Theologische streift. Man läuft Gefahr, den objektiven Blick zu verlieren, wenn man behauptet, **1963-A** symbolisiere – wie verschlüsselt auch immer – einen archetypischen Abstieg in die Hölle oder die spirituelle Dunkelheit, die der Wiedergeburt vorangeht. Es ist schon wahr, wir haben es hier letzten Endes nur mit Bildern zu tun. Still jedoch glaubte an seine Bildrhetorik, und zumindest für ihn verfügten seine Bilder über die Kraft, seiner Vision Leben einzuflößen. Das Innovative an Stills Farben und Formen war ihre Transformation aus dem Natürlichen ins Metaphysische, in etwas zutiefst Bewegendes, das kaum benannt werden kann.

Es ist kein Wunder, daß Stills Kritiker sowohl in seiner Person als auch in der Entwicklung seiner Kunst das Theologische gespürt haben. Die Buffalo-Schenkung ist nicht einfach eine Chronologie von großen Erfolgen, sondern eine Art allegorische Reise. Wie Still es in seinem Gespräch mit Professor Townsend formulierte, »Jedes Gemälde ist eine Episode in einer persönlichen Geschichte, ein Eintrag in ein Tagebuch«, oder noch prägnanter, »Kein Gemälde bleibt bei sich selbst stehen, ist als solches abgeschlossen. Jedes ist eine Weiterführung vorangegangener Gemälde und wird in den nachfolgenden wiederaufgenommen.« Daß die Ausstellung in der Albright-Knox Art Gallery und Stills Schenkung in einem besonders intensiven Augenblick seines Lebens und seiner künstlerischen Entwicklung erfolgten, wird aus seinem Katalogbeitrag von 1959 deutlich. Er führte William Blakes Christusvision an und sprach die Warnung aus, sein Werk könne den Tod bringen, wenn es von seinen neuen Besitzern mißbraucht werde. Dies sind wahrlich nicht die Worte eines Künstlers, der mit seinen Bildern Wände dekorieren möchte. Still strebte eine sehr, sehr viel höhere Kommunikationsebene an. Townsend bezeichnete den Künstler als Teufel und Heiligen in einem – eine Beschreibung, die die Dualität der Kunst Stills sehr genau trifft. Wie seine Helden – Blake, Ryder und Turner – schuf auch Still seine eigenen bildnerischen Mittel, um einen wahrhaft romantischen und visionären Impuls zum Ausdruck zu bringen.

Still vereinte in seiner Person die Romantik des 19. und die Moderne des 20. Jahrhunderts. Auch wenn er sich dessen völlig bewußt war, einen entscheidenden Beitrag zu einer neuen Epoche in der amerikanischen Malerei und ganz allgemein zur Abstraktion im 20. Jahrhundert geleistet zu haben, hielt er beharrlich an einer Art Symbolismus des 19. Jahrhunderts fest. Still sah die Zukunft vom Standpunkt des 19. Jahrhunderts aus, und damit aus einer Gefühlswelt heraus, in der die Stellung des Individuums und der Gesellschaft innerhalb eines größeren Universums oder eines kosmischen Ganzen unablässig in Frage gestellt wurde. Und dieses Element der Ungewißheit führte er in seiner Schenkung an die Albright-Knox Art Gallery in Buffalo in höchster Vollendung vor Augen.

Es ist behauptet worden, Stills Schenkung an die Albright-Knox Art Gallery sei ein Akt eklatanter Selbstverherrlichung gewesen. Zweifellos war er nicht immun gegen das Verlangen, seinen Platz im öffentlichen Bewußtsein geltend zu machen. Vor allem jedoch darf nicht übersehen werden, daß Still Malerei auch als großes Theater betrachtete. Als Turner 1851 starb, hinterließ er alles, was sich in seinem Atelier befand, der britischen Nation – unter der Bedingung, daß alle diese Werke in einem eigenen Museum untergebracht würden, wo die Öffentlichkeit seinem Werk in seiner ganzen Bandbreite begegnen könne. Wie Turner wollte auch Still den Dialog zwischen Künstler und Publikum auf eine neue Stufe stellen. Der Betrachter sollte nicht länger bloß passiver Außenstehender sein; vielmehr sollte er mitten in eine spirituelle Reise hineingesetzt werden. Still war in der amerikanischen Nachkriegsmalerei unbestreitbar der erste, der sich diese Position zu eigen machte, doch er war nicht der einzige, der den Weg vom Staffeleibild zu einer Art metaphysischem Theater ging: Newmans **Kreuzweg** wurde 1966 vollendet und die Rothko-Kapelle in Houston 1968.

Schon 1949 war Still sich dessen bewußt, daß nur die Bereitschaft zu außergewöhnlichem Engagement seiner Vision gerecht werden könne. In einem Brief an Betty Parsons schrieb er:

> Bei diesen Werken handelt es sich um eine Folge von ›Handlungen‹ (›acts‹), die am besten in Gruppen oder als ein Kontinuum erfaßt werden können. Sie sind ohne Wert, es sei denn, sie werden als eine erschaffene Offenbarung, eine neue Erfahrung gesehen und verstanden. Es ist mein Wunsch, daß sie soweit wie möglich in Gruppen zusammengehalten werden – auch in weiterer Zukunft... So befinde ich mich in der

seltsamen Lage, eine Umgebung für das Werk zu suchen und die wenigen Mittel auftreiben zu müssen, die mir die Freiheit geben, die ›Handlung‹ fortsetzen zu können.[93]

Zu guter Letzt lagen Stills Schenkung wohl doch keine egoistischen, sondern vielmehr ethische Motive zugrunde. Tatsächlich ergänzte Still den ansonsten nüchtern und sachlich gehaltenen Schenkungsvertrag zwischen dem Künstler und der Albright-Knox Art Gallery gegen Ende des Dokuments um einen Absatz, aus dem sein stillschweigendes Vertrauen in die beiden Männer spricht, die, wie er glaubte, seine Vision verstanden hatten: »Es ist von entscheidender Bedeutung für das Zustandekommen der besagten Schenkung, daß die besagten Bilder zu jeder Zeit, solange Mr. Gordon M. Smith und/oder Mr. Seymour H. Knox mit der Albright-Knox Art Gallery in Verbindung stehen, ihrer persönlichen Aufsicht, Leitung und Verfügungsgewalt unterliegen. Dies gilt für alle Fragen, die die Präsentation und Pflege dieser Bilder betreffen. Ich vertraue darauf, daß sie über Verständnis für meine Bilder und meine Vorstellungen hinsichtlich ihrer Präsentation verfügen.«

Wenn Still die institutionalisierte Kultur mit einer beispiellosen Unerschrockenheit – und sicherlich oft auch Streitsüchtigkeit – herausforderte, dann letzten Endes deshalb, weil er den Künstler im Zentrum des Museumslebens sehen wollte. Und dort, so versichert seine Witwe, wollte er *alle* Künstler sehen, keineswegs nur sich selbst.[94]

Der Autor dankt Karen Lee Spaulding, Herausgeberin der Publikationen der Albright-Knox Art Gallery, und David Anfam für ihre Geduld und zügige Hilfe bei zahlreichen Details im Zusammenhang mit diesem Aufsatz, sowie Kari E. Horowicz, Janice Lurie, Katharine Ritter und Laurie Miller von der Bibliothek der Gallery für ihre Hilfe bei den Nachforschungen zu diesem Projekt. Er möchte auch Carol Kohn danken, die als Kuratoriumssekretärin das Manuskript effizient und guter Laune fertiggestellt hat.

Anmerkungen

1 Clyfford Still, zitiert in Thomas Albright, ›The Painted Flame‹, in *Horizon*, Tuscaloosa, Alabama, November 1979, S. 33

2 Seymour H. Knox in einem Interview mit dem Autor. Alle folgenden Äußerungen von Seymour H. Knox stammen aus Interviews, die am 27. September, 12. Oktober und 6. November 1987 geführt wurden.

3 A[lonzo] L[ansford], ›Fifty-Seventh Street in Review: Still's Legerdemain‹, in *Art Digest*, New York, 15. April 1947, S. 22

4 Clyfford Still, ›Brief an Gordon Smith vom 1. Januar 1959‹, in *Paintings by Clyfford Still*, Buffalo (Albright Art Gallery) 1959, S. [5].

5 Hubert Crehan, ›Clyfford Still: Black Angel in Buffalo‹, in *Art News*, New York, Dezember 1959, S. 32, 58–60

6 ›Still on Fire‹, in *Newsweek*, New York, 25. Februar 1963, S. 92

7 Auping, Interview mit Lawrence Alloway, 26. September 1986 (unveröffentlicht). Alle folgenden Äußerungen von Lawrence Alloway stammen aus diesem Interview.

8 Betty Parsons Papers, Smithsonian Institution, Archives of American Art, Washington, D.C., Midwest Regional Art Center, Detroit, Michigan, Mikrofilmrolle Nr. N68/72

9 Dies ist sowohl in den Aufzeichnungen von Betty Freeman als auch in denen von J. Benjamin Townsend erwähnt. Die Freeman-Aufzeichnungen sind verfügbar über die Smithsonian Institution, Archives of American Art, Midwest Regional Center, Detroit, Michigan, Mikrofilm Nr. 4060. Der Autor dankt J. Benjamin Townsend, der ihm freundlicherweise Einsicht in die Townsend-Aufzeichnungen gewährte. Diese Aufzeichnungen stehen nicht auf Mikrofilm zur Verfügung und können nur nach vorheriger Anmeldung in den Archives of American Art, Washington, D.C., eingesehen werden.

10 David Anfams Dissertation ›Clyfford Still‹, die 1984 am Courtauld Institute in London entstand (© David Anfam 1992), ist bis heute die einzige kritische Studie zu Still. Die zahlreichen Erkenntnisse und sorgfältigen Recherchen in dieser bemerkenswerten Arbeit waren für den vorliegenden Aufsatz sehr wertvoll.

11 Bei diesen Werken handelte es sich um *Number 2*, 1949, und *Number 3* und *Number 5*, 1951; *Painting*, 1951, befand sich in der eigenen Sammlung des Museum of Modern Art, New York.

12 Siehe John P. O'Neill, *Clyfford Still*, New York (The Metropolitan Museum of Art) 1979, S. 193–94

13 Vgl. Clyfford Still, ›Cézanne: A Study in Evaluation‹, MA-Arbeit, Pullman (State College of Washington) 1935

14 Knox erzählte dies dem Autor im Verlauf der 1987 geführten Interviews.

15 Zitiert in ›Biographical Chronology‹, in *Clyfford Still* (Anm. 12), S. 177

16 Ebenda

17 Ebenda

18 Katalogeinführung von Mark Rothko, 1946, in *Clyfford Still*, New York (Art of This Century Gallery) 1946, nachgedruckt in Clifford Ross, *Abstract Expressionism: Creators and Critics: An Anthology*, New York 1990, S. 203

19 Auping, Interview mit Hans Namuth, 27. September 1986 (unveröffentlicht)

20 Edward Corbett and Rosamund Walling Tirana Corbett Papers, Smithsonian Institution, Archives of American Art, Washington, D.C.

21 [J.] Benjamin Townsend, ›An Interview with Clyfford Still‹, in *Audit*, Buffalo, Winter-Frühjahr 1961, S. 46

22 Brief von Still an Gordon Smith, 26. August 1959, Albright-Knox Art Gallery Archives, Buffalo, New York

23 Auping, Interview mit J. Benjamin Townsend, 2. Oktober 1990 (unveröffentlicht)

24 Eine Analyse der Bildkonzeption und des Stils des Frühwerks gibt Anfam (Anm. 10), S. 32–75

25 Still, ›Brief an Gordon Smith‹ (Anm. 4), S. [4].

26 Zitiert in Katherine Kuh, ›Foreword‹, in *Clyfford Still: Thirty-Three Paintings in the Albright-Knox Art Gallery*, Buffalo (Albright-Knox Art Gallery) 1966, S. 10

27 ›The Ideographic Picture‹, 1947, in Barnett Newman, *Selected Writings and Interviews*, New York 1990, S. 107f.

28 Stephen Polcari erörtert diese Thematik ausführlich in *Abstract Expressionism and the Modern Experience*, Cambridge 1991, S. 31–87

29 Ebenda, S. 103–4. Siehe auch David Anfam (Anm. 10), S. 300, Anmerkung 16

30 ›Clifford [sic] Still: Parsons Gallery‹, in *Art News*, New York, Mai 1947, S. 50

31 Knox berichtete 1987 in den Interviews mit dem Autor, daß Still bei mindestens einer Gelegenheit ungewöhnliche Fels- oder Bergformationen erwähnt habe; und zwar derart merkwürdige Formationen, daß sie gemalt kaum als Landschaftsdarstellungen identifiziert werden könnten. Wie es scheint, wollte Still klarstellen, daß er kein Landschaftsmaler war, und andeuten, daß der kunsthistorische Begriff ›Landschaft‹ durch die Realität, durch das wirkliche Aussehen gewisser Dinge, leicht hintergangen werden könne.

32 Anfam (Anm. 10), S. 71

33 Ebenda, S. 82–87

34 Ann Gibson, ›The Image of Thread or String‹, in *Theory Undeclared: Avant-Garde Magazines as a Guide to Abstract Expressionist Images and Ideas*, Ann Arbor 1984, S. 176–88

35 Albright (Anm. 1), S. 32

36 John Graham, *System and Dialectics of Art*, New York 1937, S. 88

37 Anfam (Anm. 10), S. 94

38 Newman (Anm. 27). Siehe auch Anfam, *Abstract Expressionism*, London 1990, S. 95–96

39 Laut Knox war das gespannte Verhältnis zwischen Still und Newman kein Geheimnis und ein Thema, das besser nicht angesprochen wurde. Still hat jedoch nie auch nur angedeutet, daß das Museum nur dann mit seiner Schenkung rechnen könne, wenn es auf den Ankauf eines Werks von Newman verzichtete. Knox gab jedoch zu, daß es »alles andere als förderlich« gewesen wäre, während der Schenkungsverhandlungen das Boot sozusagen ins Wanken zu bringen. Das Museum machte schließlich den Versuch, ein Werk von Newman anzukaufen, doch ohne Erfolg.
40 Harold Rosenberg, *Barnett Newman*, New York 1978, S. 47
41 Siehe Auping, ›Fields, Planes, Systems: Geometric Abstract Painting in America Since 1945‹, in *Abstraction Geometry Painting: Selected Geometric Abstract Painting in America Since 1945*, New York 1989, Anmerkung 91, S. 91
42 Anfam (Anm. 10), S. 112–13
43 Anfams Erörterung dieser Thematik findet sich auf S. 111 seiner Dissertation (Anm. 10). Stills eigener Verweis auf Barnes steht auf S. 23 seiner Magisterarbeit (Anm. 13).
44 Zu Heiligenscheinen, Hintergrundlicht und Animismus siehe Anfam (Anm. 10), Kapitel 2 und 3, passim.
45 Steven Nash, ›The Temple of the Mind by Albert Pinkham Ryder‹, in *Albright-Knox Art Gallery Painting and Sculpture from Antiquity to 1942*, Buffalo 1979, S. 306. Die Poe-Zitate stammen aus: Edgar Allan Poe, *Gedichte – Poems*, Vollständige zweisprachige Ausgabe, Deutsch von Arno Schmidt und Hans Wollschläger, München 1986, S. 120–23 und 255
46 J. Benjamin Townsend, ›An Interview with Clyfford Still‹, in *Gallery Notes*, Buffalo, Sommer 1961, S. 13
47 Auping, Interview mit J. Benjamin Townsend
48 Auping, Interview mit Robert Duncan, 9., 10. und 13. Juni 1983 (unveröffentlicht)
49 Anfam (Anm. 10), S. 123, ders. (Anm. 38), S. 35, 109.
50 Anfam (Anm. 10), S. 80
51 Siehe die ausgezeichnete Darstellung der Werke aus der Zeit von 1948–1952 in Anfam (Anm. 10), Kapitel 6.
52 Lawrence Alloway, ›Sign und Surface: Notes on Black and White Painting in New York‹, in *Quadrum*, Brüssel, Nr. 9, 1960, S. 50
53 Auping, Interview mit J. Benjamin Townsend
54 Zitiert in Katherine Kuh (Anm. 26), S. 11
55 Auping, Interviews mit Seymour H. Knox
56 Anfam (Anm. 10), S. 129
57 Zitiert in *Clyfford Still*, Philadelphia 1963, S. [5]
58 Knox erzählte dies im Verlauf der 1987 geführten Interviews.
59 Auping, Interview mit Mrs. Patricia Still, 25. September 1991 (unveröffentlicht)
60 Clement Greenberg, ›After Abstract Expressionism‹, in *Art International*, New York, Oktober 1962, S. 29
61 Zitiert in Ti-Grace A. Sharpless, ›Freedom... Absolute and Infinitely Exhilarating‹, in *Art News*, New York, November 1963, S. 37
62 Katalogeinführung von Mark Rothko (Anm. 18)
63 Wassily Kandinsky, *Über das Geistige in der Kunst*, Bern 1952, S. 91, 93
64 Ebenda, S. 61
65 Ann Gibson, ›Regression and Color in Abstract Expressionism: Barnett Newman, Mark Rothko, and Clyfford Still‹, in *Arts Magazine*, New York, März 1981, S. 144
66 Thomas Hess, *Barnett Newman*, New York (The Museum of Modern Art) 1971, S. 59
67 ›Clyfford Still‹, in *Magazine of Art*, Washington, D.C., März 1948, S. 96
68 Robert Rosenblum, *Die moderne Malerei und die Tradition der Romantik. Von C.D. Friedrich zu Mark Rothko*, Aus dem Amerikanischen von Reinhard Kaiser, München 1981
69 Anfam (Anm. 10), S. 27
70 Diese Beobachtungen sind unter anderen von Henry Hopkins und Seymour Knox gemacht worden. Hopkins' handschriftliche Aufzeichnungen, die auf Gesprächen mit Still beruhen, befinden sich im Bibliotheksarchiv des San Francisco Museum of Modern Art. Anfam bezieht sich auf sie auf den Seiten 27, 254, 266 seiner Dissertation (Anm. 10).
71 ›Clifford [sic] Still‹ (Anm. 30)
72 Zitiert in David L. Shirey, ›Man of the Arts‹, in *Newsweek*, New York, 22. Dezember 1969, S. 105
73 Still, ›Brief an Gordon Smith‹ (Anm. 4), S. [4]
74 Townsend (Anm. 46), S. 11
75 Michael Cannell, ›An Interview with Lee Kramer‹, in *Arts Magazine*, New York, September 1984, S. 87
76 Anfam (Anm. 10), Kapitel 6
77 Zitiert in *Clyfford Still* (Anm. 57), S. [5]
78 Knox machte diese Beobachtung in seinem Interview mit dem Autor.
79 W.H. Wright, *Ancient and Modern Art*, New York 1926, S. 138; mit Blick auf die frühen Landschaften auch von Anfam erwähnt (Anm. 10), S. 43
80 Kenneth Clark, *The Romantic Rebellion: Romantic versus Classic Art*, New York 1973, S. 251, 253
81 Harold Rosenberg, ›The American Action Painters‹, in *Art News*, New York, Dezember 1952, S. 22–23, 48–50
82 Auping, Interview mit Mrs. Still
83 Robert Lodge, Interview mit Mrs. Still, 26. Mai 1985. Textarchiv der Albright-Knox Art Gallery (unveröffentlicht)
84 Brief an Mrs. [Betty] Freeman vom 14. Dezember 1960. Betty Freeman Papers
85 Clyfford Stills schriftliche Anweisungen zum Umgang mit seinen Gemälden. Textarchiv der Albright-Knox Art Gallery (unveröffentlicht)
86 Dies ist im Konservierungsbericht erwähnt, den Robert Lodge am 11. September 1987 zusammenstellte. Textarchiv der Albright-Knox Art Gallery (unveröffentlicht)
87 Anfam (Anm. 10), S. 232–34
88 Colin L. Westerbeck, Jr., ›Still Life: Clyfford Still: The Metropolitan Museum of Art‹, in *Artforum*, New York, Februar 1980, S. 93
89 Aus den Tagebuchaufzeichnungen vom 11. Februar 1956, in *Clyfford Still*, San Francisco Museum of Modern Art 1976, S. 122–23
90 Still, ›Brief an Gordon Smith‹ (Anm. 4), S. [4]
91 Crehan (Anm. 5), S. 32, 58–60
92 Brief an Betty Parsons vom 26. September 1949. Betty Parsons Papers
93 Ebenda
94 Auping, Interview mit Mrs. Still

Die folgenden Werke befinden sich
in der Sammlung der Albright-Knox Art Gallery,
Buffalo, New York,
und sind, sofern nicht anders angegeben,
ein Geschenk des Künstlers.

1 **1937-8-A**
Oil on canvas, 1937;
119 x 85 cm (47 x 33½"); 64:5.1

2 **1941-2-C**
Oil on canvas, 1941;
108 x 81 cm (42½ x 32″); 64:5.2

3 **1945-K**
Oil on canvas, 1945;
127 x 79 cm (50 x 31"); 64:5.3

4 **July 1945-R**
Oil on canvas, 1945; 175 x 81 cm (69 x 32″); 64:5.4

5 **September 1946**
Oil on canvas, 1946; 152 x 70 cm (60 x 27½″); 64:5.5

6 **1946-L**
Oil on canvas, 1946; 180 x 116 cm (71 x 45½"); 64:5.6

7 **1946-N**
Oil on canvas, 1946; 180 x 114 cm (71 x 45″); 64:5.7

8 **January 1947**
Oil on canvas, 1947; 157 x 114 cm (62 x 45″); 64:5.8

9 **1947-G**
Oil on canvas, 1947; 161 x 100 cm (63¼ x 39¼″); 64:5.10

10 **1947-8-A**
Oil on canvas, 1947; 114 x 102 cm (45 x 40″); 64:5.9

11 **1947-8-W No. 2**
Oil on canvas, 1947; 276 x 224 cm (108½ x 88″); 64:5.11

12 **January 1948**
Oil on canvas, 1948; 201 x 152 cm (79 x 60″); 64:5.13

13 **1948-B**
Oil on canvas, 1948; 197 x 177 cm (77½ x 69½"); 64:5.14

14 **July 1948**
Oil on canvas, 1948;
149 x 124 cm ($58\frac{1}{2}$ x 49″); 64:5.12

15 **1948-E**
Oil on canvas, 1948;
208 x 175 cm (82 x 69″); 64:5.15

16 **1948-M**
Oil on canvas, 1948;
147 x 140 cm (58 x 55″); 64:5.16

17 **1949**
Oil on canvas, 1949;
121 x 98 cm (47½ x 38½"); 64:5.17

18 **1949-C**
Oil on canvas, 1949;
218 x 175 cm (86 x 69"); 64:5.18

19 **1949-H**
Oil on canvas, 1949;
203 x 175 cm (80 x 69″); 64:5.19

20 **1949-M**
Oil on canvas, 1949; 236 x 177 cm (93 x 69½"); 64:5.20

21 **January 1950-D**
Oil on canvas, 1950; 239 x 175 cm (94 x 69″); 64:5.24

22 **October 1950**
Oil on canvas, 1950;
203 x 174 cm (80 x 68½″); 64:5.21

23 **November 1950**
Oil on canvas, 1950;
203 x 173 cm (80 x 68″); 64:5.22

24 **November 1950 No. 2**
Oil on canvas, 1950;
235 x 202 cm (92½ x 79½"); 64:5.23

25 **1951-L No. 2**
Oil on canvas, 1951;
290 x 244 cm (114 x 96″); 64:5.26

26 **1951-E**
Oil on canvas, 1951;
297 x 363 cm (117 x 143″); 64:5.25

27 **November 1953**
Oil on canvas, 1953;
290 x 207 cm (114 x 81½"); 64:5.29

28 **1954**
Oil on canvas, 1954; 288 x 396 cm (113½ x 156″); Gift of Seymour H. Knox, K 57:10

29 **November 1954**
Oil on canvas, 1954; 290 x 241 cm (114 x 95″); 64:5.27

30 **September 1955**
Oil on canvas, 1955; 290 x 241 cm (114 x 95"); 64:5.28

31 **1957-D No.1**
Oil on canvas, 1957;
287 x 404 cm (113 x 159″);
Gift of Seymour H. Knox, K 59:26

32 **April 1962**
Oil on canvas, 1962; 287 x 401 cm (113 x 158″); 64:5.30

33 **1963-A**
Oil on canvas, 1963; 290 x 192 cm (114 x 75½″); 64:5.31

# Clyfford Still
# und
# San Francisco

1 Clyfford Still, **Selbstporträt**, 1940, Öl auf Leinwand, 105 x 97 cm (47½ x 38″). Sammlung Patricia Still

*Susan Landauer*

# Clyfford Still und der Abstrakte Expressionismus in San Francisco

»Anfang der vierziger Jahre erschien in San Francisco ein seltsam aussehender Mann in einem langen schwarzen Mantel. Dieser Mann war groß und majestätisch, mit unvergeßlichen Augen – sengenden, hypnotisierenden Augen in tiefen, schwarzen Höhlen – den Augen eines Heiligen, eines Fanatikers oder eines Künstlers.«[1] So heißt es in einer der phantastischen Beschreibungen der Ankunft Clyfford Stills in San Francisco, wo er von 1946 bis 1950 an der California School of Fine Arts (CSFA) unterrichtete. Einem anderen Bericht zufolge erschien Still unangekündigt in der CSFA, wiederum in einem langen schwarzen Mantel und mit einigen abgegriffenen Photos seiner Bilder. Still soll den Direktor der Schule so in seinen Bann gezogen haben, daß er auf der Stelle eingestellt wurde.[2] Viele seiner Studenten aus dieser Zeit wissen von einer nicht minder bezwingenden Ausstrahlung zu erzählen. Fast hatte es den Anschein, als wäre ein Nietzsche unserer Tage über San Francisco hereingebrochen, ein Genie mit einer ungeheuren, ja übermenschlichen Vision. Still wurde oft eine visionäre Kraft zugeschrieben, die an das Göttliche heranreichte; »schwarzer Engel«, »Hoherpriester« und »messianischer Prophet« sind einige der Attribute, die ihm in den vierziger Jahren in San Francisco zugesprochen wurden.

Die Versuchung ist groß, diese Charakterisierungen als phantasiebeladene Mythen abzutun, als Produkt einer hyperaktiven Einbildungskraft. Und tatsächlich verlief Stills Ankunft in San Francisco in Wirklichkeit sehr viel prosaischer, als die Legende glauben machen will.[3] Dennoch sollten diese Beschreibungen nicht ganz außer acht gelassen werden, denn sie sagen sehr viel aus über Still. Insbesondere verweisen sie auf ein Charakterbild, das vom Künstler selbst kultiviert wurde.

Stills **Selbstporträt** von 1940 (Abb. 1), eines seiner wenigen Gemälde in diesem Genre, zeigt einen Mann, der der Legende entspricht. Auf diesem Gemälde hat Still sich einer Reihe von Porträtkonventionen bedient, um den hohen Status des Künstlers als Genie kundzutun: die zurückgeworfene Mähne, der eindringliche, den Betrachter fesselnde Blick und die übernatürlich großen Hände mit langen, schlanken, aristokratischen Fingern. Auch die dramatische perspektivische Verkürzung ist aufschlußreich, denn sie läßt ihn unnatürlich hoch aufragen und zwingt den Betrachter, am Fuß des Bildes in einer unterwürfigen Position zu verharren.

Das Bild des kreativen Genies, das Still damit beschwor, ein zutiefst romantisches Konzept, war ein Sinnbild für seine künstlerischen Ideale, ja für sein ganzes Kunstschaffen. Viele Aspekte seiner Ideologie können auf sein Studium der Kunst und Philosophie der Romantik zurückgeführt werden, auf Dichter und Denker wie Goethe, Schiller, Nietzsche und Croce. Sein tiefer Glaube daran, daß sein Werk nicht von seiner Person getrennt werden könne – er sagte einmal, ein Bild aus der Hand zu geben sei wie seine Haut zu verlieren –, war für europäische Empathiekonzepte des späteren 19. Jahrhunderts von fundamentaler Bedeutung.[4] Ebenso wichtig war für Still ein weiteres Ideal der Romantik, das des Künstlers, dessen Schöpfung die Kultur, in der er lebt, transzendiert. Nach dem Vorbild seiner künstlerischen Heroen, Rembrandt, Blake, El Greco und Beethoven, strebte Still die Rolle des visionären Einzelgängers an, der den Konventionen trotzte und an die Zwänge seiner Zeit nicht gebunden war. Sein Ideal glich Nietzsches »überhistorischem« Menschen, der sich von keinerlei Ansprüchen seiner Umgebung einschränken und sich durch nichts beeinflussen ließ.

Der Entwicklung der Malerei Stills nachzugehen heißt, den Weg seiner Suche nach einer Kunst zu skizzieren, die gänzlich aus dem Selbst hervorgebracht wurde und völlig selbstgenügsam war, die sich also von den »banalen Konzepten von Raum und Zeit« oder den Fesseln »kollektivistischer Moden« nicht einschränken ließ.[5] Sein Werk der späten dreißiger und frühen vierziger Jahre, das aus einem scheinbar privaten Fundus kryptischer, halluzinatorischer Bildsymbole mit gelegentlich autoerotischem Charakter[6] schöpfte, wich schließlich einer Form der Malerei, die, wie der Künstler hoffte, von der

2 Raphael Gleitsmann, **Mittelalterliche Schatten**, 1947, Öl auf Leinwand, 61 x 101,5 cm (24 x 40″). Sammlung des New Britain Museum of American Art, Connecticut (Charles F. Smith Fund).

äußeren Realität völlig isoliert war. Um sämtliche Assoziationen zur Außenwelt auszuschließen, gestaltete Still seine Gemälde der späten vierziger Jahre völlig ungegenständlich und ließ sie unbetitelt, da Titel, wie er sagte, »den Betrachter zwangsläufig in die Irre führen und die Bedeutungen und Implikationen, die in dem Werk verborgen liegen, eingrenzen«.[7] Still bemühte sich sogar darum, die Farbe von Bezügen zur Außenwelt loszulösen, sie »von allen Konventionen, allen vertrauten Assoziationen und Reaktionen zu befreien«.[8] Er wollte seine triumphierende Selbstbefreiung, seinen Lobgesang auf den lebenden Geist der individuellen Seele durch nichts aufgehalten sehen. Um dieser Botschaft Ausdruck zu verleihen, übertrug Still eine im Kern romantische ästhetische Vorstellung in eine rein plastische Sprache: Form und Raum wurden miteinander verschmolzen, um »eine totale psychische Einheit«[9] hervorzubringen, die, durch in die Höhe strebende Bewegungen, gotische Empfindungen der Grenzenlosigkeit und des Aufsteigens über den Bildrahmen hinaus beschwor.[10]

Doch trotz seines Bestrebens, eine autonome »Welt der Emanzipation« zu schaffen, war Still unverkennbar ein Produkt seiner Zeit.[11] Ja allein schon sein Beharren auf absoluter Freiheit und uneingeschränkter Individualität war fest in der künstlerischen Kultur der vierziger Jahre verwurzelt und war gerade für das Credo des Abstrakten Expressionismus von grundlegender Bedeutung. Diese Überempfindlichkeit gegen die Beschneidung der künstlerischen Freiheit war eine logische Folge des politischen Klimas dieser Zeit. Es ist interessant zu sehen, wie verblüffend eng Stills Anprangerung künstlerischer »totalitärer Hegemonie« mit der allgegenwärtigen Nachkriegsrhetorik übereinstimmt, die die faschistische und kommunistische Zensierung des freien Ausdrucks verurteilte.[12] Stills Drang nach Freiheit wurde nicht nur von anderen Malern geteilt, denen die Unterdrückung der künstlerischen Ausdrucksfreiheit zuwider war; er war tief in das amerikanische Bewußtsein der Nachkriegszeit eingebettet und ging weit über die bildenden Künste hinaus. Eine gleichermaßen prometheische Abwehr aller Versuche, dem freien Geist des Individuums Ketten anzulegen, war zum Beispiel im modernen Jazz, in der Dichtung der offenen Form und im Existentialismus anzutreffen.

Auch Stills stark ausgeprägtes Interesse an der Kunst und Philosophie der Romantik war im Geistesleben der vierziger Jahre sicher verankert. Angesichts seiner Aversion gegen den Kollektivismus mutet es ironisch an, daß ein romantisch geprägtes Denken die Nachkriegszeit beherrschte, das dem seinen durchaus verwandt war. Daß einige der New Yorker Abstrakten Expressionisten von der Ästhetik der Romantik angezogen waren, ist allgemein bekannt. Mark Rothko und Barnett Newman interessierten sich zum Beispiel für den Erhabenheitsbegriff Edmund Burkes. Weniger geläufig ist, daß einer der vorherrschenden Trends in der amerikanischen Malerei der mittleren und späten vierziger Jahre eine figurative Malweise war, die seinerzeit unverbindlich als »Neoromantizismus« bezeichnet wurde.[13] Einsame Gestalten in düsteren Traumlandschaften, geheimnisvolle Dramen mit uralten Ritualen, Sinnbilder der gewaltigen Kräfte der Natur und Visionen religiöser Offenbarung gehörten zu den typischen Sujets dieser Zeit. Abgesehen von ihrer thematischen Ähnlichkeit zu Stills gespenstischen Erscheinungen der Kriegsjahre läßt sich auch die formale Syntax dieser »neoromantischen« Bilder mit der seiner späteren ungegenständlichen Gemälde vergleichen. Das Werk so populärer und höchst erfolgreicher Künstler wie etwa Raphael Gleitsmann kommt in dieser Hinsicht einigen Gemälden Stills aus den späteren vierziger Jahren erstaunlich nahe. Die scharfen, schroffen Formen und die melodramatische Palette von tiefem Rot und Schwarz in Gleitsmanns **Mittelalterlichen Schatten** (Abb. 2) lassen sich zum Beispiel in vielen Arbeiten Stills aus der gleichen Zeit wiederfinden.

Ende der vierziger Jahre jedoch nahm Still Abschied von den erschreckenden Bildsymbolen seiner früheren Jahre und entwickelte in kurzer Zeit eine erhabenere Sensibilität, die der hochgotischen Ästhetik von Chartres verwandter war als der ›gothick terribilità‹ Gleitsmanns. Doch auch jetzt reflektierte Stills Malerei die vorherrschenden Strömungen und spiegelte die im Wandel befindliche Gefühlslage der Nation wider, die aus dem Krieg emporstieg und eine kraftvolle Nachkriegsökonomie in Gang brachte. Treffender vielleicht als alle anderen Abstrakten Expressionisten gab Still den Kontrast zwischen dem Trauma des Kriegs und den von Optimismus und Expansion geprägten Nachkriegsjahren wieder. In einem wichtigen Sinne stand seine künstlerische Reaktion der allgemeinen Stimmung im Lande näher als der tiefen Entfremdung und Zwiespältigkeit linksgerichteter Künstler wie Jackson Pollock und Willem de Kooning, die sich um ihre Hoffnungen betrogen sahen. Sein Werk der späten vierziger Jahre zeigte nichts von deren Unentschlossenheit und Zweideutigkeit – im Gegenteil, er verwarf solche Mehrdeutigkeiten heftig als Zeichen der Schwäche. In seinen Bildern ging es, wie er selbst sagte, nicht um »schreckliche Angst«, sondern um »glorreiche Bejahung und das Streben des Menschen«.[14]

Wenn in Stills Gemälden nichts von der Verwirrung und Verzweiflung zu spüren war, die die desillusionierten liberalen und linksgerichteten Künstler der späten vierziger Jahre so oft vermittelten, so lag dies teilweise daran, daß er ihre politischen Ansichten nicht teilte. Auch wenn er seine politische Meinung für gewöhnlich für sich behielt – er hielt es für unter seiner Würde, sich an politischen Streitereien zu beteiligen –, so lagen seine Sympathien doch entschieden rechts von der Mitte.[15] Während die überwiegende Mehrheit der Vertreter der Moderne für eine weltoffene Außenpolitik eintrat, befürwortete Still einen Isolationismus, der eher auf der Linie der konservativen Künstler dieser Zeit lag. Noch weitaus ketzerischer war seine Unterstützung von Senator McCarthys antikommunistischen Hexenjagden in den frühen fünfziger Jahren.[16] Zu einer Zeit, als Abstraktion geradezu als Synonym für den Liberalismus und seine Ideale verstanden wurde, war Still mit seinen politischen Ansichten in diesem Umkreis merkwürdig deplaziert.

Stills rechtsgerichtete politische Anschauungen waren jedoch symptomatisch für einen starken konservativen Charakterzug, eine kompromißlose moralische Geradlinigkeit und Askese, die ihn von anderen Abstrakten Expressionisten abgrenzte. Still war alles andere als ein Bohemien. Im Gegenteil, er war die Selbstbeherrschung in Person und förmlich bis zur Unzugänglichkeit. Seine Schüler an der CSFA erinnern sich daran, daß Still in altmodischen zweireihigen Anzügen und Gamaschen zum Unterricht erschien, während die anderen Dozenten Jeans und Militärkleidung trugen.[17] Auch im Atelier duldete er keine Nachlässigkeit: Spachtel, Pinsel und Ölfarben, alles hatte seinen festen Platz, und nichts wurde vergeudet – wenn Farbe auf dem Boden verschüttet wurde, wurde sie sofort geborgen.[18] Dieses Beharren auf Disziplin und Selbstbeherrschung hatte einen bezeichnenden Einfluß auf seine Malerei. Es verstand sich von selbst, daß der Zufall in seinem kreativen Prozeß keine Rolle spielte, und was es bei ihm an Improvisationen gab, hatte mit der vom Jazz inspirierten Hemmungslosigkeit vieler anderer Maler in San Francisco und New York nichts zu tun. Still ging eher wie gewisse Meister der Malerei im 19. Jahrhundert ›alla prima‹ vor; ohne Skizzen, nur mit einer Bildidee vor seinem geistigen Auge, konnte er ein Gemälde in einem einzigen virtuosen Arbeitsakt vollenden.[19]

Still hielt nicht nur bei sich selbst die Zügel kurz, er legte seine hohen moralischen Maßstäbe auch an andere an. Für seine heftigen Jeremiaden gegen die Korruption der Kunstwelt war er schon in den vierziger Jahren berüchtigt. Seiner Ansicht nach war der zeitgenössische Künstler von allen Seiten von verderbenden, verweichlichenden Kräften bedrängt, von den Kunsthändlern, die Bilder in Waren verwandelten, bis zu den Kritikern, die ihre Bedeutung verzerrten. Nur die kompromißloseste Haltung konnte die Integrität und Wirksamkeit des Werks bewahren. In den späten vierziger Jahren griff Still häufig auf das Beispiel des Guerillakämpfers zurück, um die einzig haltbare Stellung des Künstlers zu verdeutlichen: »Ihr werdet nicht siegen, und ihr könnt die Kräfte nicht aufhalten«, predigte er seinen Schülern, »doch ihr könnt sie stören und schikanieren.«[20] Kaum einer jedoch war ihm ebenbürtig, was die Vehemenz seiner Attacken betraf: Kritiker waren »verlauste Schmierer«, Galerien »Bordelle«, und das Museum of Modern Art war eine »Gaskammer«.[21] Diese moralischen Verdammungen klangen ganz nach dem erzkonservativen Kritiker Thomas Craven. Vermutlich hätte Still Cravens Beschreibung des Museum of Modern Art als »ein von kulturellen Krankheiten zersetztes Rockefeller-Werk . . . ein schillerndes Depot exotischer Importe und des Humbugs einiger ausrangierter Amerikaner, die nichts Amerikanisches an sich haben« zugestimmt.[22] So unterschiedlich ihre ästhetischen Überzeugungen auch waren, die augenfällige Verbeugung vor der Pariser Moderne war beiden als einschneidendes Symbol amerikanischer Unterwürfigkeit ein Greuel.

Stills politischer und ideologischer Konservatismus stellt uns vor einen bemerkenswerten Widerspruch: Ungeachtet seiner konservativen Haltung wird Still häufig als der radikalste Abstrakte Expressionist angesehen. Kritiker und Kunstwissenschaftler haben oft darauf hingewiesen, daß er sich mit seinen expansiven Farbfeldern noch weiter von der europäischen Abstraktion entfernt hat als selbst Pollock mit seinen revolutionären Drip-Paintings. Was diese Unvereinbarkeit doppelt paradox macht, ist, daß es gerade sein Konservatismus war, der ihn zum Bilderstürmer werden und mit der traditionellen Moderne, die von anderen Abstrakten Expressionisten hochgehalten wurde, brechen ließ. Wie Craven und dessen regionalistische Gefolgschaft betrachtete Still die europäische Moderne mit Verachtung. Sein Abscheu galt insbesondere der französischen Abstraktion, die seiner Meinung nach steril und ohne jeden geistigen Inhalt war. Picasso war eines seiner bevorzugten Angriffsziele; für Still war er nichts weiter als ein »kommerzieller Maler« und ein »Illustrator der Zeitläufte«.[23] Im Grunde entkam keine Bewegung der europäischen Moderne seiner Kritik. Expressionismus, Fauvismus, Kubismus, Futurismus, Neoplastizismus, Dadaismus oder Surrealismus – für alle galt, was er über die moderne Kunst der Armory Show von 1913 in New York geschrieben hatte: »dekadente Spielereien aus der Alten Welt«, die »die Wirrköpfe hypnotisierten« und »die Augen der Wichtigtuer kitzelten«.[24]

Stills Schmährede gegen die moderne Kunst steht in krassem Gegensatz zum freundlich geführten Gespräch innerhalb der New York School, zu der Künstler wie Robert Motherwell, William Baziotes und Willem de Kooning gehörten, die ihr Werk als eine dialektische Synthese von Kubismus und Surrealismus verstanden. Während es den meisten New Yorker Abstrakten Expressionisten darum ging, auf der Tradition der europäischen Moderne aufzubauen und sie zu erweitern, wollte Still diese Tradition auslöschen. Natürlich könnte man das Argument vorbringen, daß gerade die Tatsache, daß Still dieses Erbe ausschlug, ein klares Zeichen dafür war, daß er die Lehren der Moderne verinnerlicht hatte; Erneuerung durch Entsagung ist ja schließlich eine Avantgarde-Konvention. Stills Neigung, seine Angriffe gegen die erfolgreichsten – und damit bedrohlichsten – zeitgenössischen Künstler zu richten, ist sicherlich ein Zeichen für sein ausgeprägtes Rivalitätsbewußtsein. Tatsächlich scheint seine »Angst vor Einfluß« gewaltig gewesen zu sein: er mußte ›tabula rasa‹ machen, um Platz für seine Vorstellungskraft zu schaffen.[25] Doch wie schon erwähnt, muß Stills Ehrgeiz, eine authentische, transzendente Vision hervorzubringen, im Kontext seiner romantischen Ideologie verstanden werden. Sein Antitraditionalismus lehnte sich eng an den seiner Helden an, der Renegaten der Romantik. Stills Rebellion war also keine avantgardistische – es ging ihm nicht darum, eine Welle des Aufruhrs in Gang zu setzen; seine Revolution war die eines Einzelkämpfers.

Angesichts dieser Zielsetzung ist es kaum erstaunlich, daß Still sich beharrlich gegen Kritiker, Galeristen und Malerkollegen zur Wehr setzte, die ihn der New York School zuordneten. Er war nicht der einzige, der sich dagegen wehrte, von einer Gruppe vereinnahmt zu werden; viele andere Abstrakte Expressionisten beharrten ebenso auf ihrer Individualität. Still äußerte seine Einwände jedoch lautstärker und hartnäckiger. Und er weigerte sich, an wichtigen Gemeinschaftsaktionen New Yorker Künstler teilzunehmen. Schon 1946 lehnte er es ab, sich Mark Rothkos und Barnett Newmans »kleiner Mythenmacherbande« anzuschließen, und 1951 protestierte er sogar gegen Robert Motherwells Ausstellung ›School of New York‹.[26]

Von seiner Abneigung gegen Gruppenzugehörigkeiten und seinen erheblichen ideologischen Konflikten mit den New Yorker Künstlern abgesehen, gab es auch noch weitere Gründe, weshalb Stills Verbindungen zur New York School bestenfalls unbehaglich waren. Obschon er in zwei der Galerien ausstellte, die die noch junge Gruppe förderten, schloß Still in den vierziger Jahren nur wenige erwähnenswerte Kontakte mit Künstlern in New York. Erst 1950 begegnete er Jackson Pollock, Franz Kline oder Willem de Kooning, und selbst dann konnte er in ihnen kaum Geistesverwandte erkennen, da sie sich nur »mit Farbe beschäftigten«, und das war zu prosaisch, als daß es ihn hätte interessieren können.[27] Barnett Newman und Mark Rothko waren die einzigen bedeutenden Künstler der New York School, zu denen er

3 Die California School of Fine Arts CSFA in den vierziger Jahren.

CALIFORNIA
SCHOO OF FINE ARTS
JONES

enge Verbindungen knüpfte. Es wäre jedoch ein Fehler, Stills Entwicklung in Zusammenhang mit ihnen zu sehen, denn schon einige Jahre bevor sie ihren Weg gefunden hatten, hatte er seine persönliche Ästhetik formuliert, und zwar weit von ihrem Einflußbereich entfernt. Rothko selbst bestätigte, daß Still seine Malerei »draußen im Westen und auf sich allein gestellt« entwickelt hatte.[28] Völlig richtig war diese Feststellung allerdings nicht. Still war in den späten vierziger Jahren zwar tatsächlich »draußen im Westen«, allein jedoch war er nicht.

Tatsächlich gab es in den vierziger Jahren in San Francisco eine ganze Reihe von Künstlern, die ähnliche Wege wie Still verfolgten, hauptsächlich Schüler und Lehrer an der CSFA (Abb. 3). Unmittelbar nach dem Krieg war diese Schule, an der Künstler wie Edward Corbett, Richard Diebenkorn, Hassel Smith und Clay Spohn unterrichteten und deren Studentenschaft sich aus hartgesottenen Kriegsveteranen zusammensetzte, von denen viele älter waren und mehr über Malerei wußten als ihre Lehrer, eine wahre Brutstätte für experimentelle Abstraktion. In vieler Hinsicht war Still jedoch in San Francisco der gleiche Einzelgänger wie in New York. Seine strengen, puritanischen Einstellungen und spartanische Lebensführung paßten ganz und gar nicht zur temperamentvollen CSFA mit ihrer Jazzband ›Studio 13‹ und wilden Trinkgelagen. Stills disziplinierter und intellektueller Zugang zur Malerei stand in scharfem Gegensatz zu den zwanglosen Methoden von Künstlern wie John Grillo, von dem erzählt wurde, wie er seine Bilder von der gegenüberliegenden Wand aus ausführte. Die hohen Ziele, die Still mit seiner Kunst verfolgte, waren zweifellos unendlich weit vom schrulligen Humor Clay Spohns oder der fröhlichen Peitschenhiebkalligraphie Hassel Smiths entfernt. Auch mit seinem »aristokratischen Radikalismus«, seiner nietzscheanischen Verachtung der Massen[29], stand Still in denkbar größtem Widerspruch zu seinen Künstlerkollegen in San Francisco, von denen viele ihre Malerei mit einem visuellen Esperanto verglichen.[30] Stills elitäres Bewußtsein dürfte ein wichtiger Grund für die Verstimmungen zwischen ihm und Elmer Bischoff, Richard Diebenkorn und David Park gewesen sein, die sich schließlich alle vom Abstrakten Expressionismus abwandten.[31]

Als er sich einige Jahre später an seine Zeit in San Francisco zurückerinnerte, sprach Still von seiner distanzierten Haltung zu dieser Stadt: »Ich habe mir San Francisco nie angeschaut, gehörte nie zur San Francisco Art Association usw. Mein Interesse an der Stadt, ihren Künstlern und an ihrer Geschichte war gleich Null. Ich hatte zu arbeiten.«[32] Stills Erinnerung stimmt zwar völlig mit seinen transzendentalen Bestrebungen überein, entspricht jedoch kaum den Tatsachen. Er knüpfte an der CSFA nicht nur wichtige Beziehungen, insbesondere zu Ernest Briggs, Edward Corbett, Edward Dugmore, Jack Jefferson, Jon Schueler und Clay Spohn – Kontakte, die er noch lange pflegte, nachdem er den Umgang mit den allzusehr an »praktischen« Dingen interessierten New Yorker Künstlern abgebrochen hatte –, er übte auch einen enormen Einfluß in San Francisco aus.[33] Still, der Individualist aus tiefster Überzeugung, stand den Abstrakten Expressionisten in San Francisco bereitwillig mit Rat und Tat zur Seite, so sehr er auch für gewöhnlich jeder ›Schule‹ aus dem Weg ging.[34]

Umstritten ist allerdings Stills Bedeutung für die Gründung der San Francisco School. Während eine Reihe von Künstlern an der CSFA daran festhielt, daß es Ansätze zu dieser Bewegung schon vor seiner Ankunft gab, haben Kritiker und Kunstwissenschaftler immer wieder die Frage aufgeworfen, ob Still den Abstrakten Expressionismus aus New York importiert hatte.[35] Diese Frage ist als solche etwas akademisch, denn ein derart rudimentäres und vielgestaltiges Phänomen, wie es in den mittleren und späten vierziger Jahren der Abstrakte Expressionismus an der Ostküste war, hätte kaum sauber verpackt in San Francisco abgeliefert werden können. Tatsächlich verlief der Abstrakte Expressionismus an beiden Küsten in bemerkenswert parallelen Bahnen. Am Anfang stand hier wie dort eine heterogene Kreuzung europäischer Modernismen; Kubismus, Surrealismus und Expressionismus wurden in verschiedenen Anteilen miteinander vermischt. Diese Synthese, die unter anderem im Frühwerk von Ruth Armer, Elmer Bischoff, Richard Diebenkorn und Clay Spohn zu sehen ist, hatte in San Francisco schon festen Fuß gefaßt, bevor Still 1946 an der CSFA erschien. Stills entscheidender Beitrag war es, einen Weg außerhalb dieser vertrauten Pfade finden zu helfen, Künstler in San Francisco zu ermutigen, sich ohne unmittelbaren Rückgriff auf die europäische Tradition auszudrücken.

Sicherlich war das Bedürfnis, nach neuen Ausdrucksmitteln zu suchen, bereits vorhanden; wie Edward Corbett beobachtete, war es – nach der alles erschütternden Erfahrung des Kriegs – ausgeschlossen, »weiterzumachen wie bisher und ein kleiner Cézanne oder ein kleiner Mondrian zu sein oder Picasso nachzuäffen; es war die Zeit, Risiken einzugehen, ohne Rücksicht auf das Ergebnis.«[36] Zweifellos aber fungierte Still als kraftvoller Katalysator. Für die Künstler in San Francisco – selbst für die, die mit der innovativen abstrakten Malerei aus New York vertraut waren – stellte sein Werk den radikalsten Bruch mit der europäischen

Moderne dar, der ihnen je begegnet war. Auch wenn die genaue Chronologie der Entwicklung Stills bruchstückhaft bleibt, läßt sich doch klar sagen, daß spätestens 1947 die weit ausladenden Farbfelder und monumentalen Ausmaße seiner reifen Ästhetik schon deutlich zutage getreten waren. Kenneth Sawyer, ein junger Dichter, sah in jenem Jahr bei einem Besuch in San Francisco Stills Ausstellung im California Palace of the Legion of Honor, die, wie er sich später erinnerte, eine überwältigende Erfahrung für ihn war:

»Es war die Ausstellung in San Francisco, die Stills Schaffen einer Reihe von jungen Menschen – mich eingeschlossen – nahebrachte, die entweder an der California School of Fine Arts studierten oder sich düster mit der Situation der Malerei in Amerika auseinandersetzten. Unsere erste Reaktion auf diese kraftvollen, durch und durch originären Ölgemälde war Ungläubigkeit, dann Erschütterung und schließlich Bewunderung. Die meisten von uns, Veteranen des Zweiten Weltkrieges, hegten strenge Ansichten über Art und Aufgabe der modernen Malerei: Es mußte schon Mondrian, Miró oder Picasso sein. Die Bilder jedoch, mit denen wir im Legion Museum konfrontiert wurden, standen in keinerlei Beziehung zu unseren Vorstellungen – sie hatten sogar auf eine höchst verwirrende Weise nichts mit ihnen zu tun. Stills Bildschöpfungen waren organisch, seine Farben und Malflächen besaßen keine Gemeinsamkeiten mit dem, was wir als ›gute‹ moderne Malerei zu sehen gelernt hatten. Leidenschaftliche Kraft, Dynamik und rohe Direktheit prägten seine Werke, die wenige von uns als Kunst anerkennen mochten – obwohl wir natürlich die bildnerische Gewalt der vorherrschenden zeitgenössischen Europäer akzeptierten. Es war niederschmetternd, wie die eigenen Überzeugungen in einer einzigen Ausstellung in sich zusammenstürzten. Hier war eine Malerei, die noch im Akt des Zerstörens belehrte: Die Schule von Paris war für uns plötzlich gestorben, etwas Neues, etwas, was die meisten von uns noch nicht definieren konnten, hatte sich ereignet.«[37]

So wie Sawyer reagierten die meisten Künstler in San Francisco auf Stills Werk. Stills Malerei war für viele die erste völlig ungegenständliche Malerei, die nicht auf den sterilen Schlußfolgerungen beruhte, die man an der Ostküste aus Kubismus und Neoplastizismus gezogen hatte. Damit bahnte diese Malerei zu einem sogar nach New Yorker Maßstäben frühen Zeitpunkt den Weg für ähnliche Experimente. Gegen Ende des Jahres 1947 war in San Francisco eine voll ausgewachsene ungegenständliche Bewegung zu verzeichnen.

Stills Beispiel folgend, verwarfen die Maler in San Francisco die vieldeutigen symbolischen Verweise, die in den späten vierziger Jahren im New Yorker Abstrakten Expressionismus üblich waren. Titel, die sich auf Mythen bezogen, Bildtitel überhaupt, wurden in San Francisco ebenfalls verschmäht. Wie Still glaubten die meisten Künstler in San Francisco, daß solche literarischen Behelfe überflüssig seien und einen befreiten persönlichen Ausdruck nur einschränken könnten. Darüber hinaus waren sie ihnen zu eng mit der europäischen Moderne verbunden. Viele waren entschlossen, eine konventionelle, surrealistische oder kubistische Bildsprache zu umgehen, und vermieden bewußt geometrische Formen, scharfe Linien, synthetische Farben und glatte Oberflächen wie auch wirbelnde biomorphe Formen und Arabesken. Sogar der Automatismus, eine Hauptstütze im New Yorker Repertoire, wurde in San Francisco oft mit Stirnrunzeln betrachtet.[38] All dies führte zu einer Ästhetik, die weniger gestisch und linear war als ihr New Yorker Gegenüber und sehr viel ruppiger und derber. Der Maßstab, der in San Francisco angelegt wurde, war größtenteils nicht so sehr Geschmack als vielmehr Härte. Auf dem Höhepunkt der Bewegung traf dies sogar für Künstler wie Elmer Bischoff, Richard Diebenkorn und David Park zu, die sich ansonsten in vieler Hinsicht Stills Einfluß widersetzten.[39]

Auch wenn Bischoff, Diebenkorn und Park Stills radikale Ablehnung der europäischen Moderne nicht teilen wollten – alle drei hielten in den späten vierziger Jahren an ihrer Bewunderung für so diskreditierte französische Künstler wie Matisse und Bonnard fest –, stimmten sie doch seiner Ansicht zu, die Kunstwelt sei durch Kommerzialisierung korrumpiert. Wenn sie bewußt auf jede Glätte verzichteten, war dies nicht so sehr ein Ausdruck ihrer Ablehnung von europäischer Kultiviertheit und Raffinement als vielmehr der starken antimaterialistischen und antikommerziellen Grundstimmung, der Still in San Francisco den Boden bereitet hatte. Auch wenn sich Still allgemein von der Politik fernhielt, war er sich dennoch bewußt, daß seine Malerei einen bedeutenden politischen Zug hatte. Tatsächlich äußerte er sich sehr offen über diesen Aspekt seines Werks und erläuterte seinen Schülern und Kollegen in San Francisco, daß er mit seinen ausgefallenen Formaten und Bildinhalten vor allem gegen den Mißbrauch von Kunst als Dekoration für modisch gestaltete Innenräume protestieren wolle. Als Teil seiner Kampagne gegen das Kunstestablishment boykottierte er die Jahresausstellungen im San Francisco Museum of Art und ermutigte seine Schüler, es ihm gleichzutun: »Wir sind erwachsene Männer und keine Kinder, die ihre Bilder an die Wand hängen und auf eine Goldmedaille hoffen. Ich sagte ihnen, sie sollten warten, bis das Museum zu ihnen käme.«[40]

Natürlich konnten es sich nicht alle Künstler in San Francisco leisten, die Jahresausstellungen links liegen zu lassen, doch aus Protest gegen den etablierten Kunst-

4 Jack Jefferson, **Mission No. 20**, 1957, Öl auf Leinwand, 193 x 127 cm (76 x 50″). Privatsammlung. Photo courtesy Gallery Paule Anglim, San Francisco

markt gründete eine Gruppe von Künstlern 1949 die ›Metart Galleries‹, eine genossenschaftlich organisierte, nicht auf Profit ausgerichtete Galerie, wo einzelne Künstler Ausstellungen veranstalten konnten, die ihren persönlichen Überzeugungen entsprachen.[41] Andere Künstler in San Francisco waren genauso kompromißlos wie Still und zogen sich oft ganz vom Kunstmarkt zurück.

Stills Antikommerzialismus wurde von den Künstlern der San Francisco School derart verinnerlicht, daß er ihre Entwicklung tiefgreifend beeinflußte. Gerade zu der Zeit, als auf dem amerikanischen Kunstmarkt eine ungestüme Gestik gefragt war, entschloß sich Edward Corbett zum Beispiel dazu, stillere und subtilere Bilder zu malen. Stills Antikommerzialismus hatte weitreichende ästhetische Konsequenzen in San Francisco, die über einen allgemeinen Widerstand gegen den konventionellen Geschmack erheblich hinausgingen. Wie sich Jack Jefferson, einer seiner früheren Schüler (vgl. Abb. 4), erinnerte, war es die »Anti-Schönheit« in Stills Malerei, die bei vielen Malern Anklang fand, die »Bereitschaft, etwas wirklich Rohes und Brutales anzuwenden«.[42] Mehrere formale Mittel, mit denen Still materialistische Konventionen attackierte, wurden allgemein aufgegriffen: zum Beispiel leere, ungrundierte Leinwandflächen (manchmal absichtlich beschmutzt) und trockene, ausgedörrte Farben, aus denen sich wie von selbst dick aufgebaute, klumpige, anschwellende Oberflächen ergaben. Sogar Stills Palette, mit der er allem entgegenwirken wollte, was sinnlich und ansprechend war, wurde von vielen Malern in San Francisco übernommen. Trübe Braun- und dumpfe Schwarz- und Grautöne herrschten vor; dekorative Pastelltöne – insbesondere Rosa und Hellblau – waren dagegen tabu, weil sie, wie Still seinen Schülern einschärfte, von der Werbung vereinnahmt worden waren.[43]

Einige Maler gingen in ihrer Vorliebe für das Ungefällige noch weiter als Still selbst. Tatsächlich läßt sich ohne Übertreibung sagen, daß in San Francisco ein Kult des Häßlichen entstand. Ernest Briggs erinnerte sich daran, daß die Studenten an der CSFA »um das ekligste Bild, das schmierigste Schwarz« miteinander wetteiferten.[44] Symbolisch für diese Tendenz waren die abstoßenden Bildnisse, die Stills Schüler Mel Weitsman aus Teer, Matratzendrillich und anderen Proto-Funk-Materialien anfertigte. Teilweise wurde dieser Mut zur Ungefälligkeit dadurch begünstigt, daß in San Francisco keine sehr große Nachfrage nach Kunst bestand. Dieser Tatbestand machte es den Künstlern leichter, besonders dreist vom Geschmack der Mittelklasse abzuweichen. Manchen Künstler in San Francisco erfüllte es mit Stolz, daß sich seine Arbeiten noch schlechter vermarkten ließen als selbst die radikalste Malerei aus New York. Als 1956 im Museum of Modern Art Pollocks erste größere Retrospektive gezeigt wurde, notierte Hassel Smith mit deutlicher Befriedigung: »Während die New Yorker Kritiker erst jetzt entdeckt haben, daß Pollocks Bilder ›zahm‹, ›anmutig‹ und sogar ›hübsch‹ sind, hat man sie in San Francisco schon immer so gesehen.«[45]

So einflußreich Still in San Francisco auch war, nie war es seine Absicht, ein kanonisches Lehrgebäude zu etablieren oder gar eine ästhetische Richtung vorzugeben. »Ich möchte nicht, daß andere Künstler mein Werk imitieren«, erklärte er einmal. »Ich möchte nur, daß sie meinem Beispiel von Freiheit und Unabhängigkeit von allen äußeren, dekadenten und korrumpierenden Einflüssen folgen.«[46] Still tat alles, was in seiner Macht stand, um Nachahmer zu entmutigen, und war darauf bedacht, in Stilfragen nicht zum Missionar zu werden. In sei-

5 Hassel Smith, **Allein mit dem Mörder**, 1948,
Öl auf Leinwand, 51 x 56 cm (20 x 22″).
Sammlung The Oakland Museum. Schenkung Mrs. David Park

6 Clyfford Still, **1945**,
Öl auf Leinwand, 227,5 x 170 cm (91 x 68″).
Sammlung Patricia Still

ner Lehrtätigkeit war er sehr darum bemüht, seinen Schülern keine Vorschriften zu machen. Nur selten kommentierte er ein einzelnes Gemälde oder erörterte technische Probleme. Statt dessen neigte er dazu, sich auf Fragen zu konzentrieren, die mit Kunst nur am Rande zu tun hatten. Zum Beispiel sprach er mit seinen Schülern über Themen wie den portugiesischen Stierkampf, Robinson Jeffers' ›Medea‹ oder Clement Greenbergs neueste Kritiken in der ›Partisan Review‹. Fast immer ließ Still seine Schüler ihre eigenen – abstrakten oder figurativen – Ideen ausarbeiten. Sein berühmtes ›Graduiertenprogramm‹ an der CSFA in den Jahren 1948-50 bedeutete kaum mehr, als daß fortgeschrittenen Schülern ein bestimmtes Atelier zugewiesen wurde.[47] Und ganz folgerichtig zeigte Still seine eigenen Arbeiten nur solchen Studenten, von denen er glaubte, sie hätten ihren individuellen Stil schon hinlänglich entwickelt. Diese Studenten nahm er dann einzeln oder in kleinen Gruppen mit in sein Atelier im Keller des Turms der Schule.[48]

Still erzielte mit seiner Lehrmethode den gewünschten Effekt. »Je länger die Leute bei Clyfford Still studierten, desto weniger sahen ihre Arbeiten wie seine aus«, erinnerte sich der Bildhauer Jeremy Anderson.[49] Bezeichnenderweise waren Stills Epigonen im allgemeinen unter jenen Künstlern zu finden, die nur im weitesten Sinne zu seiner Gruppe gehörten, während für die Künstler, die den Kern der Bewegung in San Francisco bildeten, sein Werk nur ein Ausgangspunkt war. Hassel Smith integrierte Stills weit gespannte, unregelmäßige Farbflächen in seinen Stil, versah sie jedoch mit einem Sinn für Verspieltheit und Witz. In seinem respektlosen Bild **Allein mit dem Mörder** von 1948 machte er sich zum Beispiel über Stills erdrückende Ernsthaftigkeit lustig, indem er die furchterregende Bildsymbolik seiner frühen Krücken- und Kreisbilder parodierte (vgl. Abb. 5 und 6). Auch bei Edward Corbett zeigt sich Stills Einfluß, doch sind seine Interpretationen immer zutiefst persönlich und weisen eine Sensitivität und Feinheit auf, die seinem eigenen Temperament entsprechen. Zweifellos kann der flächendeckende Farbauftrag in Bildern wie **Ohne Titel** von 1949 (Abb. 7) auf Still zurückgeführt werden, doch anders als der aggressive Aufwärtsdrang der schroffen Formen Stills läßt Corbetts Werk den Eindruck einer sanften horizontalen Ausbreitung entstehen. Auch Frank Lobdell nahm Elemente aus Stills Ästhetik auf – die auf wenige Töne reduzierte Palette, die verkrusteten Farbschichten und die Aufwärtsbewegung –, doch in Lobdells massigen, schwerfälligen Formen liegt ein Gefühl für Verwundbarkeit (siehe Abb. 8).

Im Rückblick auf seine Jahre in San Francisco bemerkte Still, sein wichtigster Beitrag zu der dort entstan-

7 Edward Corbett, **Ohne Titel**, 1949,
Öl auf Leinwand, 77,5 x 64 cm (30½ x 25¼").
Privatsammlung. Photo courtesy Richmond Art Center

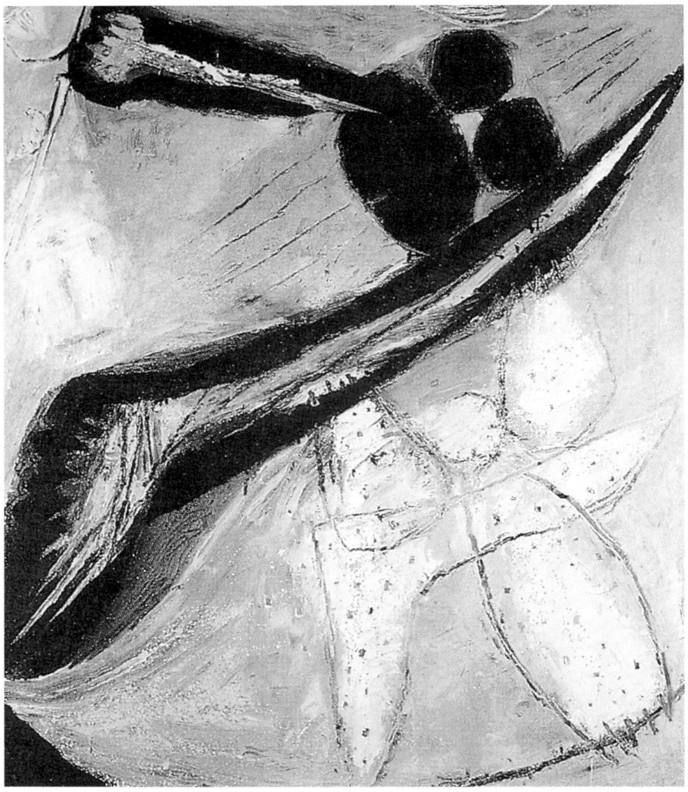

8 Frank Lobdell, **September 15, 1964**, 1964,
Öl auf Leinwand, 145 x 119 cm (57 x 47").
Sammlung Stephen Wirtz Gallery, San Francisco

denen Malerei sei philosophischer Natur gewesen: »Es war keine neue ›Malerei‹«, erläuterte er, »sondern eine neue Denkweise über das Bild als Idee«, in der »das Wichtige und das Erhabene im Ich des Menschen« Ausdruck fanden.[50] In einem weiten Sinne traf dies auch zu: Stills Werk der späten vierziger Jahre, insbesondere seine ausgedehnten Farbfelder, die über ihre Grenzen hinaus aufzusteigen scheinen, bringt die Ideale einer ganzen Generation von Künstlern in San Francisco kraftvoll zum Ausdruck. In eine räumliche Metapher übertragen, wurde Stills eigentliches Anliegen – das grenzenlose menschliche Sehnen – zum zentralen Thema der San Francisco School, das von Edward Corbett, Jay DeFeo, Jack Jefferson, Walter Kuhlman, Frank Lobdell, Hassel Smith, George Stillman und anderen unendlich vielfältig interpretiert wurde. Vielleicht ist es nur folgerichtig, daß das Thema der Ausdehnung im Westen, wo dieser Begriff schon immer besondere Resonanz gefunden hatte, auf einen derart fruchtbaren Boden fiel. Doch gerade dieser Aspekt des Stillschen Werks war es auch, der den größten Einfluß auf die New York School ausübte. Es war der Ausdruck ungezügelter Kraft, der Mark Rothko und Barnett Newman am meisten gefesselt zu haben scheint. Still, Rothko und Newman boten zusammen eine Alternative zur Agonie de Koonings und Pollocks und bereiteten der Color-field-Schule den Weg, der für die folgende Generation letzten Endes einflußreicheren Richtung des Abstrakten Expressionismus.

Anmerkungen

1 Beth Coffelt, ›The Big Wave was Rising‹, in *San Francisco Sunday Examiner-Chronicle,* 9. November 1975

2 Mary Fuller McChesney, *A Period of Exploration: San Francisco 1945-1950,* The Oakland Museum, Oakland 1973, S. 5

3 Still selbst erinnerte sich später, daß Douglas MacAgy, der Leiter der Schule, ursprünglich William Baziotes für diese Position vorgesehen und daß er erst nach einer Empfehlung von Baziotes Still in Betracht gezogen hatte. (Thomas Albright, ›A Conversation with Clyfford Still‹, in *Art News,* März 1976, S. 32)

4 Still in einem Interview mit Betty Freeman, 4. Oktober 1960, Betty Freeman papers, AAA-SI 4060

5 The Buffalo Fine Arts Academy, Albright Art Gallery, *Paintings by Clyfford Still,* Buffalo, New York 1959, o.S.; Still, Brief an Alfonso Ossorio vom 21. August 1953, Betty Freeman papers, AAA-SI 4060

6 In einer Reihe von Gemälden aus den späten dreißiger und frühen vierziger Jahren scheint Still die Masturbationsthematik behandelt zu haben. Siehe zum Beispiel **1936**, und **1936-7 No. 2.** Diese Bilder, die sich beide in der Sammlung des San Francisco Museum of Art befinden, können als Metaphern für Stills Ideal einer gänzlich aus dem Selbst hervorgebrachten Kunst gedeutet werden. Vgl. Stephen Polcari, *Abstract Expressionism and the Modern Experience,* Cambridge 1991, S. 91-116

7 Still, Brief an Betty Parsons vom 3. März 1947, Betty Parsons Gallery papers, AAA-SI N68-72

8 Irving Sandler, *Abstrakter Expressionismus. Der Triumph der Amerikanischen Malerei,* Herrsching 1974, S. 167

9 Institute of Contemporary Art, *Clyfford Still,* University of Pennsylvania 1963, S. 9. Stills Verschmelzung von Figur und Boden ist mit dem Begriff der Regression in Verbindung gebracht worden, der sich in den Schriften von Lévy-Bruhl, Jung und Nietzsche findet (siehe Polcari [Anm. 6] und Ann Gibson, ›Regression and Color in Abstract Expressionism: Barnett Newman, Mark Rothko, and Clyfford Still‹, in *Arts* 55 [März 1981], S. 144-53), doch die Idee, Form und Raum in einem transzendenten Kontinuum miteinander zu kombinieren, könnte ebenso plausibel auf das Raum-Zeit-Kontinuum der Mathematik und Physik bezogen werden, das an der CSFA nach dem Krieg ausgiebig diskutiert wurde. Douglas MacAgy, der Leiter der Schule und ein guter Freund Stills, sprach von dessen Malerei häufig in diesen Begriffen, und Stills Schüler George Stillman erinnert sich daran, daß dieses Konzept in den späten vierziger Jahren für Still von großer Bedeutung war (Interview mit der Autorin, 12. Juli 1988). Dies würde erklären, daß – wie oft erzählt wird – Still behauptete, Mathematiker und Physiker verstünden sein Werk sofort.

10 Daß Still für einige seiner Ideen über den Bildraum auf die ästhetische Vorstellung der Romantik vom Erhabenen zurückgriff, ist gut dokumentiert; siehe zum Beispiel Michael Auping, ›Beyond the Sublime‹, in *Abstract Expressionism: The Critical Developments,* New York 1987, S. 146; Robert Rosenblum, ›The Abstract Sublime‹, in *Art News* 59 (Februar 1961), S. 38, und Lawrence Alloway, ›The American Sublime‹, in *Topics of Modern Art Since 1945,* New York 1975, S. 31

11 San Francisco Museum of Art, *Clyfford Still,* San Francisco 1976, S. 123

12 Still, Statement, The Museum of Modern Art, *Fifteen Americans,* New York 1952, S. 21

13 Der Aufstieg des Abstrakten Expressionismus hat diese figurative Bewegung in neueren Darstellungen der amerikanischen Kunst fast in der Versenkung verschwinden lassen. Schon ein flüchtiger Blick in die Literatur der vierziger Jahre zeigt jedoch, daß es sich dabei um eine bedeutende Strömung handelte, die von vielen zeitgenössischen Beobachtern wie etwa Alfred Barr, John Baur, Alfred Frankenstein, Jermayne MacAgy, Dorothy Miller, James Thrall Soby und Frederick Sweet zur Kenntnis genommen wurde. Zu den Künstlern, die in den vierziger Jahren diese Richtung verfolgten, zählten neben Raphael Gleitsmann auch Matthew Barnes, Karl Baumann, Eugene Berman, Edwin Dickenson, Donald Forbes, Stephen Greene, Morris Kantor, Rico Lebrun, Henry Mattson, Paul Mommer, Elliot Orr, Theodore Polos, Walter Stuempfig und Howard Warshaw.

14 Interview mit Betty Freeman, 6. und 21. April 1961, Betty Freeman papers, AAA-SI 4080

15 Ehemalige Schüler Stills an der CSFA – unter anderen Edward Dugmore, Jon Schueler und der inzwischen verstorbene Ernest Briggs – erinnern sich an seine konservative politische Einstellung (Interviews der Autorin mit Dugmore, 1. März 1988, und Schueler, 13. November 1988, und Briggs in Gesprächen mit Barbara Shikler, 12. Juli 1982 und 12. Oktober 1982, ›Mark Rothko and his Times‹, Abschrift, AAA-SI). Schueler erinnert sich insbesondere daran, daß Still eine isolationistische Außenpolitik unterstützte und den Marshallplan ablehnte.

16 Jon Schueler war schockiert, als Still ihm erzählte, er habe in den fünfziger Jahren McCarthy unterstützt (Interview mit der Autorin, 13. November 1988).

17 Interviews der Autorin mit William Morehouse, 1. April 1989, und Edward Dugmore, 1. März 1988

18 Interview der Autorin mit Edward Dugmore, 21. November 1988

19 Elmer Bischoff beobachtete Still dabei, wie er in den späten vierziger Jahren an der CSFA ohne innezuhalten ein großes Gemälde in einem einzigen Arbeitsgang ausführte (Interview mit der Autorin, 7. Juli 1985). Harold Rosenbergs Konzept des Action-painting lehnte er jedoch heftig ab. Als Rosenbergs kanonische Abhandlung ›The American Action Painters‹ 1952 zum ersten Mal veröffentlicht wurde, schrieb Still ihm einen wütenden Protestbrief und bezeichnete den Aufsatz als »Hinrichtung« (Brief vom 14. Dezember 1952, Jon Schueler papers, AAA-SI).

20 So zitierte Ernest Briggs Still in einem Interview mit Mary Fuller McChesney, 20. April 1966, Privatsammlung

21 Still, Brief an Hassel Smith, 20. März 1977, Hassel Smith Papers, AAA-SI 2008; Still, Brief an Alfonso Ossorio, 30. Januar 1955, Alfonso Ossorio Papers, AAA-SI 3888; Interviews der Autorin mit Edward Dugmore, 1. März 1988, und mit Jon Schueler, 13. November 1988

22 Thomas Craven, ›The Degradation of Art in America‹, 2. Februar 1948 (Institute of Contemporary Art Archives), zitiert in Institute of Contemporary Art, *Dissent: The Issue of Modern Art in Boston,* Boston 1985, S. 59

23 Still in einem Interview mit Betty Freeman, 6. und 21. April 1961, Betty Freeman papers, AAA-SI 4060. Peter Shoemaker, einer der Schüler Stills an der CSFA in den späten vierziger Jahren, erinnert sich daran, daß Still die meisten europäischen Künstler verachtete, insbesondere Picasso. Nach Shoemaker hielt Still den größten Teil der modernen europäischen Malerei für »ausgezehrt«; es mangele ihr an »Mut und innerer Kraft«. Er war jedoch bereit, zuzugeben, Miró sei »ein schneidiger kleiner Spanier« (Interview mit der Autorin, 10. April 1989).

24 Metropolitan Museum of Art, *Clyfford Still,* New York 1979, S. 54

25 Für Harold Bloom ist »Angst vor Einfluß« ein Symptom, das bei Dichtern zu beobachten ist, die ihre poetischen Vorfahren falsch lesen, um sich kreativen Raum zu schaffen (siehe Bloom, *The Anxiety of Influence: A Theory of Poetry,* New York 1973). Dieses Konzept trifft durchaus auch auf Still zu. Tatsächlich waren einige seiner Ideen ursprünglich von den Künstlern entwikkelt worden, die er am heftigsten attackierte. Seine »Geistlinien« sind zum Beispiel beinahe identisch mit einem Konzept, das Klee und Kandinsky am Bauhaus entwickelt hatten.

26 In einem offenen Brief an die Galerie ›Art of This Century‹ bestritt Still jegliche Verbindung mit den ›Mythenmachern‹ (zitiert in The Buffalo Fine Arts Academy [Anm. 5]), und er weigerte sich angeblich, an der von Motherwell organisierten Ausstellung ›School of New York‹ teilzunehmen (nach Still wurden seine Arbeiten ohne seine Billigung eingereicht). Still wollte Motherwells Begriff ›School of New York‹ nicht akzeptieren, da er eine »keineswegs vorhandene einheitliche Konzeption und Zielsetzung« impliziere (Brief an Frank Perls, Januar 1951, Betty Freeman papers, AAA-SI 4060). Er protestierte auch gegen die andere 1951 von Künstlern organisierte Ausstellung, ›Today's Self-Styled School of New York‹ (auch als die ›Ninth Street Show‹ bekannt). Nur einmal gab Still seinen Widerstand gegen Gemeinschaftsprojekte auf und beteiligte sich an der Gestaltung des Lehrplans für die ›Artist school‹. Ursprünglich hatte Still jedoch die Absicht, einige Maler aus San Francisco einzubeziehen, unter anderen Clay Spohn (Brief an Spohn vom 25. Juni 1948, Clay Spohn papers, AAA-SI).

27 Jon Schueler in einem Interview mit der Autorin, 13. November 1988. In den frühen und mittleren fünfziger Jahren entwickelte Still eine kurze, wenn auch reservierte Beziehung zu Pollock. Seinen Freunden in San Francisco gegenüber erwähnte er häufig, mit welch gemischten Gefühlen er Pollocks Erfolg beobachtete. Was ihn besonders störte, war die Art und Weise, wie die Werbebranche Pollocks Werk für sich vereinnahmte. In einem Brief an Jon Schueler beschuldigte Still Pollock, sich an den Markt für die »amerikanische Hausfrau« verkauft zu haben: »So lebe denn die Tapete . . . Bald schon wird Jack den Hintergrund für Aluminiumtöpfe und hochmoderne Beleuchtungskörper liefern und das Geld nur so scheffeln. Wenn ich an die Greueltaten denke, die mit diesen Mätzchen stillschweigend an der Seele des freien Menschen begangen werden, packt mich das blanke Entsetzen.« (Brief an Jon Schueler vom 5. Januar 1951, Jon Schueler papers, AAA-SI)

28 Mark Rothko, Einführung zum Katalog zu Stills Einzelausstellung in der Galerie ›Art of This Century‹, 1946

29 Mit dem Begriff »aristokratischer Radikalismus« kennzeichnete Georg Brandes Nietzsches Philosophie. Clay Spohn erinnert sich, daß »Still die große Masse verachtete und die meisten Menschen für Dummköpfe hielt« (Thomas Albright, *Art in the San Francisco Bay Area, 1945-80,* Berkeley 1985, S. 30).

30 Mit Blick auf die CSFA in den späten vierziger Jahren erinnerte sich Elmer Bischoff: »Ich würde sagen, es gab nur wenige an der Schule, die nicht in ihrem Innersten darauf vertrauten, daß sie mit ihrer Arbeit zur Gestaltung einer besseren Welt beitragen könnten... es gab die innere Zuversicht, daß Gesten in Farbe auf Leinwand, Gesten in geschweißtem Metall und Holz und Gips und Stein zu einer Art visuellem Esperanto werden könnten, das für alle, die Augen hatten, befreiend sein könnte« (Abschrift

eines am 27. Oktober 1973 im Oakland Museum gehaltenen Vortrags, Archiv der Anne Bremer Memorial Library, San Francisco Art Institute).

31 Nach George Stillman konnte Park Still auch deshalb nicht leiden, weil er ihn für elitär hielt (Interview mit der Autorin, 26. März 1989).

32 Zitiert im zweiten Entwurf von ›Clyfford Still: A Critical Study‹, 1963, S. 23, Betty Freeman papers, AAA-SI 4060

33 Still, Brief an Clay Spohn vom 22. November 1957, Clay Spohn papers, AAA-SI

34 Zur Ausstellung ›New York School, The First Generation‹, die 1965 im Los Angeles County Museum gezeigt wurde, bemerkte Still: »Ich ärgerte mich über die in dem Wort ›Schule‹ implizierte Idee, und meine Malerei ist immer ein energischer Protest dagegen gewesen« (Metropolitan Museum of Art, *Clyfford Still*, S. 200); dennoch lobte Still Paul Mills Ausstellung ›California School‹, die 1956 im Oakland Municipal Art Museum (heute ›The Oakland Museum‹) gezeigt wurde. Diese Ausstellung konzentrierte sich auf den Abstrakten Expressionismus in San Francisco einschließlich des Werkes von Still. »Ich freue mich auf die Zeit,« schrieb er an Mills, »wenn eine Klarstellung der von mir aufgestellten Prinzipien bewerkstelligt werden kann, die diese Arbeiten ermöglichten ... in gewisser Hinsicht und unter den wenigen, die informiert waren, war die San-Francisco-Bay sowohl New York als auch Paris tatsächlich um mehr als neun Jahre voraus« (Brief an Paul Mills vom 6. Mai 1956, Archives of California Art, The Oakland Museum).

35 Elmer Bischoff besteht zum Beispiel darauf, daß die Dozenten und Schüler der CSFA »nicht auf Still zu warten brauchten«, daß Park, Smith und Spohn bereits im Winter 1946 die Richtung des Abstrakten Expressionismus eingeschlagen hatten und gegenstandslos malten (Interview mit Paul Karlstrom, 24. August 1977, Abschrift, AAA-SI). Diese Äußerung ist ein Beispiel dafür, daß persönliche Erinnerungen nicht immer zuverlässig sein müssen, denn Still gab seinen figurativen Expressionismus erst 1948 auf, und 1946 war Parks Werk noch immer halbfigurativ und deutlich von europäischen Modellen inspiriert. Die Verwirrung ist vor allem im schwammigen Charakter des Begriffs ›Abstrakter Expressionismus‹ begründet. Vor Stills Ankunft arbeiteten Bischoff, Diebenkorn, Spohn, Ruth Armer und andere Maler in einem Stil, der als ›formativer‹ abstrakter Expressionismus bezeichnet werden könnte (d.h. eine Synthese moderner Stilrichtungen, deren Herkunft recht einfach auszumachen war), doch nur wenige Künstler hatten den dramatischen Bruch mit etablierten Stilrichtungen vollzogen, der für die Avantgarde-Malerei in San Francisco von 1947 an kennzeichnend war. Unter den Malern an der CSFA scheint vor dieser Zeit John Grillo einem reifen Abstrakten Expressionismus am nächsten gekommen zu sein (siehe Susan Landauer, ›John Grillo: The San Francisco Years‹, in *Art of California*, Mai 1990, S. 56-60).

36 McChesney (Anm. 2), S. 78

37 Kenneth Sawyer, ›U.S. Painters Today, No. 1: Clyfford Still‹, in *Portfolio and Art News Annual 2*, 1960, S. 80

38 Jack Jefferson erinnerte sich daran, daß Still den Automatismus und den Gedanken, das Unbewußte als kreative Quelle anzuzapfen, ablehnte. »Ich hatte den starken Eindruck,« sagte Jefferson, »daß er sich mit allem , was aus dem Unbewußten kam, nicht befassen wollte. Solchen Dingen wollte er sich einfach nicht ausgeliefert sehen« (Interview mit Mary Fuller McChesney, 21. Dezember 1965, Privatsammlung). Viele andere Künstler in San Francisco teilten Stills Ansicht. Laut Frank Lobdell war der Automatismus in den späten vierziger Jahren in der Schule »hoch verdächtig«. »Alles, was formelhaft werden konnte, war suspekt,« erläuterte er. »Und spontan zu sein konnte zur Formel werden« (Interview mit der Autorin, 20. Juni 1988).

39 Bischoff, Park und Hubert Crehan bemühten sich später, die Bedeutung Stills für die California School of Fine Arts herabzusetzen. Ihre Äußerungen haben dazu geführt, daß ein relativ schiefes Bild von Stills Einfluß auf die Kunstszene in San Francisco im allgemeinen entstehen konnte (siehe Caroline A. Jones, *Bay Area Figurative Art 1950-1965,* Berkeley 1990, S. 6-11). Die große Mehrheit der Künstler, die damals an der CSFA tätig waren, schildern den Sachverhalt ganz anders; die meisten von ihnen, zum Beispiel Edward Corbett, Ernest Briggs, Edward Dugmore, Jack Jefferson, Walter Kuhlman, Frank Lobdell, William Morehouse und George Stillman, bestätigen, daß Still der einflußreichste Künstler an der Schule war. Hubert Crehan, der in seinem Artikel ›Is There a California School?‹ (*Art News*, Januar 1956, S. 32) Still so gut wie keinen Einfluß zubilligen wollte, hatte wahrscheinlich persönliche Gründe für sein Verhalten. Ironischerweise war Crehan einer der Studenten an der CSFA, die Still am meisten bewunderten, und er gehörte zu denen, die ihn schon fast sklavisch imitierten. Es ist aufschlußreich, diesen Artikel mit Crehans früherer Besprechung der Einzelausstellung Stills zu vergleichen, die 1950 in den ›Metart Galleries‹ gezeigt wurde. Dort hatte er Still noch als den Künstler bezeichnet, »der mehr als jeder andere die neue Malerei angeregt hat, die heute in chaotischer Vielfalt in dieser Region entsteht« (›Clyfford Still's Exhibition‹, in *San Francisco Chronicle*, 9. Juli 1950).

40 Albright (Anm. 29), S. 31

41 Still behauptete, die Metart Galleries seien seine eigene Idee gewesen, doch einige seiner früheren Schüler widersprechen dieser Aussage. Edward Dugmore insistiert, daß Ernest Briggs, Hubert Crehan, Jorge Goya-Lukich und er selbst auf den Gedanken gekommen seien, diese Galerie ins Leben zu rufen (Interview mit der Autorin, 1. März 1988). Stills antikommerzielle Philosophie war jedoch zweifellos ein Anstoß für diese Gruppe. Weitere Informationen zu den Metart Galleries sind in Albright (Anm. 29), S. 31-32 und 114 zu finden.

42 McChesney (Anm. 2), S. 43-44

43 Jorge Goya-Lukich erinnerte sich, daß Still seinen Schülern sagte, Rosa und Hellblau »könnten niemals wieder in der Malerei verwendet werden, weil sie durch ihre Verwendung in der amerikanischen Werbung derart korrumpiert worden seien« (Interview mit Mary Fuller McChesney, 2. März 1966, Privatsammlung). Es sollte jedoch angemerkt werden, daß kein Maler sich genötigt fühlte, ein derart strenges ästhetisches Gesetz tatsächlich zu befolgen, auch wenn die Zustimmung zu dieser Äußerung noch so groß gewesen sein mag.

44 McChesney (Anm. 2), S. 64

45 Hassel Smith, ›Sulla Scuola di San Francisco‹, in *Evento delle Arti 2*, 1958, S. 26

46 Benjamin J. Townsend, ›An Interview with Clyfford Still‹, in *Gallery Notes* (Albright-Knox Art Gallery) 24 (Sommer 1961), S. 11

47 Obwohl dieser Kurs als die »Graduiertenklasse für Malerei an der California School of Fine Arts, die diese Schule in aller Welt bekannt werden ließ« bezeichnet worden ist (San Francisco Museum of Modern Art, *Clyfford Still*, San Francisco 1976, S. 113), handelte es sich dabei nach Ernest Briggs schlicht um eine Malereiklasse für fortgeschrittene Schüler. Still pflegte fünfzehn Studenten auszuwählen und »in ein kleines Atelier zu stecken«, um sie »unter Druck zu setzen«. Stills Unterrichtsmethode sah laut Briggs wie folgt aus: »Er kam einfach herein und hatte etwas im Kopf, zum Beispiel einen Brief von Mark Rothko oder einen Brief von Barnett Newman oder einen Artikel aus ›Time‹ oder aus ›Newsweek‹ oder was auch immer. Er kam also herein und sprach zwanzig oder dreißig Minuten lang aus dem Stegreif...« (Interview mit Barbara Shikler, 12. Juli 1982, ›Mark Rothko and his Times‹, Abschrift, AAA-SI).

48 Paradoxerweise hatte diese Praxis den Effekt eines Initiationsritus, der in einen exklusiven Kreis verehrungsvoller Studenten einführte, die als ›Stillites‹ bekannt waren.

49 McChesney (Anm. 2), S. 43

50 Die Zitate stammen aus einem Interview mit Betty Freeman, etwa Juni 1963, Betty Freeman papers, AAA-SI 4060

Die folgenden Werke befinden sich
in der Sammlung des San Francisco Museum of Modern Art
und sind, sofern nicht anders angegeben,
ein Geschenk des Künstlers.

34 Oil on canvas, 1934;
146 x 80 cm (57 5/8 x 31 5/8"); 75.14

35 Oil on burlap, 1936;
63 x 43 cm ($24^{7}/_{8}$ x $16^{7}/_{8}$"); 75.15

36 **1936-7-No. 2**
Oil on canvas, 1936–37;
162 x 84 cm ($63^{5}/_{8}$ x $33^{1}/_{8}$"); 75.16

37 Oil on canvas, 1937;
109 x 78 cm (42 7/8 x 30 3/4"); 75.17

38 **1938-N-No.1**
Oil on canvas, 1938;
78 x 64 cm (30⅞ x 24¼″); 75.18

39 **1941-R**
Oil on denim, 1941; 148 x 65 cm ($58\frac{1}{8}$ x $25\frac{5}{8}$"); 75.19

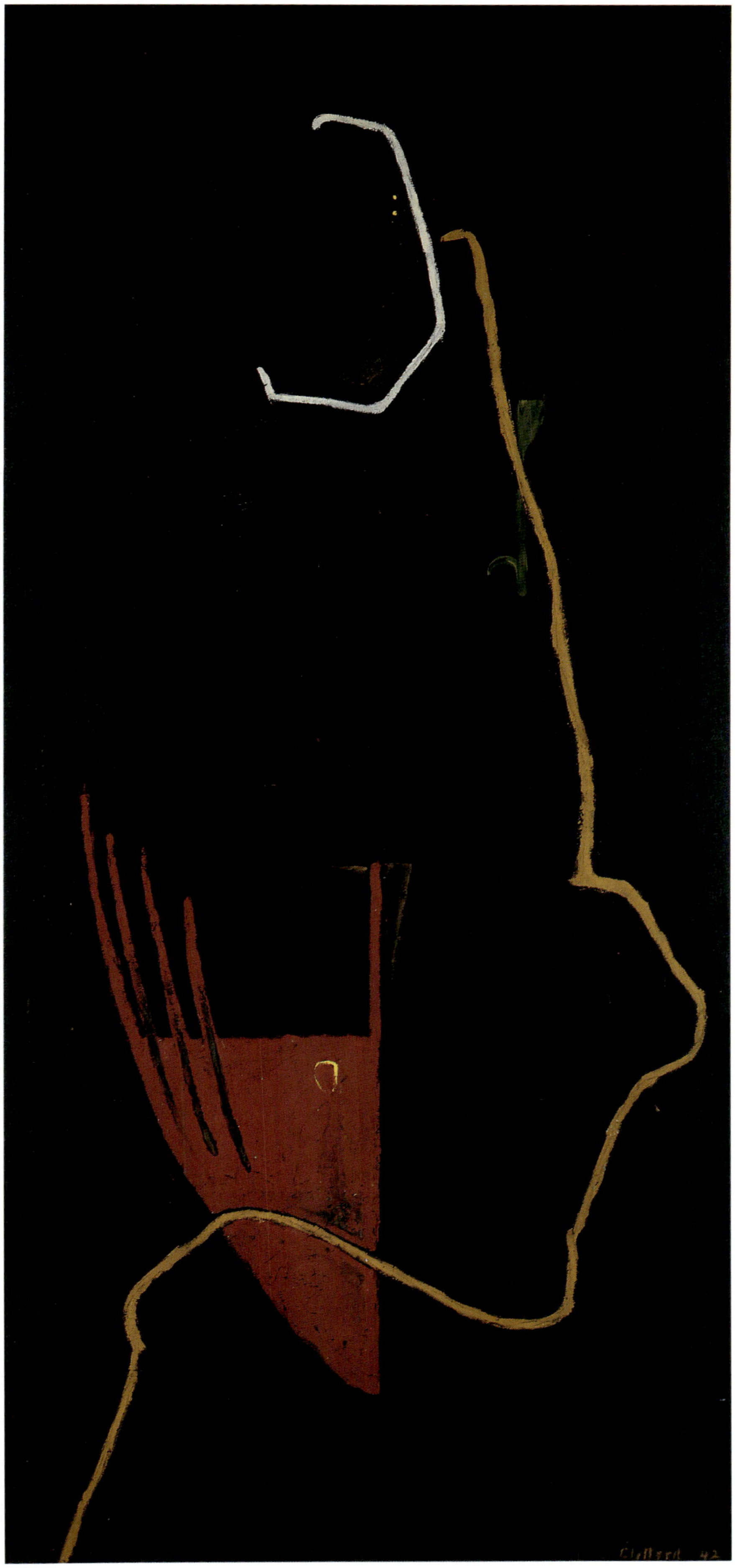

40 Oil on denim, 1942;
146 x 67 cm (57½ x 26½"); 75.20

41 **1943-J**
Oil on canvas, 1943; 175 x 83 cm ($69\frac{1}{8}$ x $32\frac{3}{4}$"); 75.21

42 **1944-G**
Oil on canvas, 1944; 173 x 80 cm (68¼ x 31⅝″); 75.22

43 **1945-H**
Oil on canvas, 1945; 230 x 175 cm (90⅜ x 68¾"); 75.23

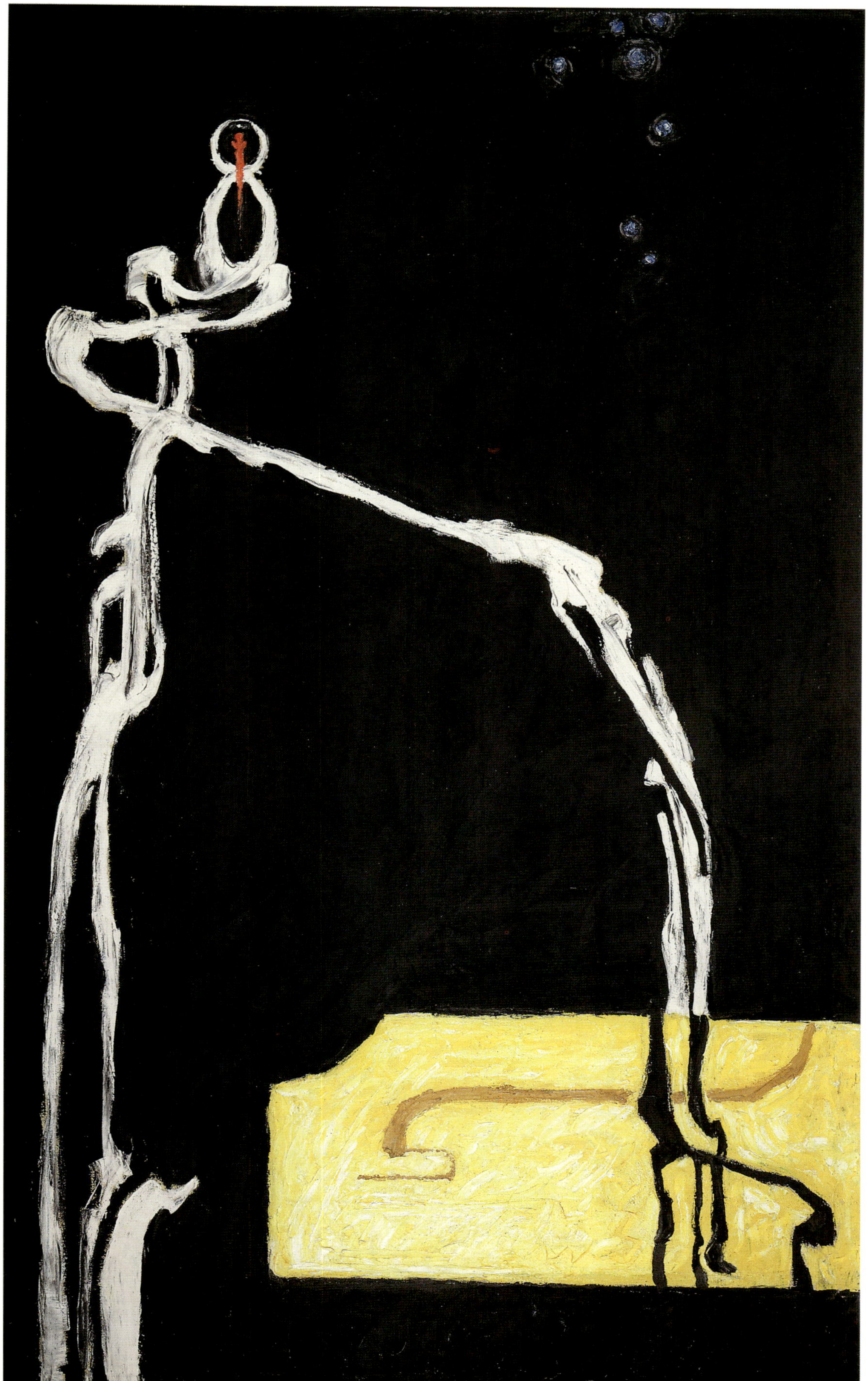

44 Oil on canvas, 1945; (formerly **Self-Portrait**)
180 x 107 cm ($70\frac{7}{8}$ x 42″); Gift of Peggy Guggenheim, 47.1238

45 Oil on canvas, 1947;
178 x 100 cm (70 x 39½"); 75.24

46 **1947-H-No. 3**
Oil on canvas, 1947; 231 x 145 cm (91 x 57¼″); 75.26

47 **1947-S**
Oil on canvas, 1947;
215 x 182 cm ($84\frac{5}{8}$ x $71\frac{5}{8}$"); 75.25

48 Oil on canvas, 1948;
132 x 110 cm (52 x 43¼"); 75.27

49 **1950-K-No. 1**
Oil on canvas, 1950; 275 x 219 cm (108 1/8 x 86 1/8"); 75.28

50 Oil on canvas, 1951;
208 x 175 cm (82 x 68¾"); 75.29

51 Oil on canvas, 1951–52;
288 x 396 cm (113⅜ x 156″); 75.30

52 **1952-A**
Oil on canvas, 1952;
300 x 270 cm (118 1/8 x 106 1/8"); 75.31

53 Oil on canvas, 1952;
154 x 122 cm (60½ x 48″); 75.32

54 Oil on canvas, 1954;
292 x 264 cm (115 x 103 7/8″); 75.33

55 **1956-D**
Oil on canvas, 1956; 291 x 406 cm (114½ x 160″); 75.34

56 Oil on canvas, 1957;
288 x 376 cm (113¼ x 148″); 75.35

57 Oil on canvas, 1959;
292 x 266 cm (115 1/8 x 104 3/4"); 75.36

58 Oil on canvas, 1959;
292 x 266 cm (115 1/8 x 104 3/4"); 75.37

59 Oil on canvas, 1960;
287 x 396 cm (113 1/8 x 155 7/8");
Gift of Mr. and Mrs. Harry W. Anderson, 74.19

60 Oil on canvas, 1962;
287 x 386 cm (113 x 152 1/8"); 75.38

61 Oil on canvas, 1971;
238 x 394 cm (93⅝ x 155″); 75.39

62 Oil on canvas, 1974;
290 x 433 cm (114¼ x 170½″); 75.40

63 Oil on canvas, 1974;
284 x 442 cm ($111\frac{7}{8}$ x $174\frac{1}{8}$"); 75.41

*Patricia Still*

# Clyfford Stills Biographie

*»Es ist mir sehr wichtig, daß die Werke zusammenbleiben«, erklärte Clyfford Still zu seinen Lebzeiten immer wieder und schloß diese Forderung auch in sein Testament ein. Mit Nachdruck unterstrich er die Bedeutung dieses Anliegens in zahlreichen Briefen und Tagebucheintragungen, die auf den folgenden Seiten in einer Auswahl zitiert werden. Vom Standpunkt des Betrachters aus schrieb Gordon Smith in seinem Vorwort zum Katalog der Einzelausstellung Stills, die 1959 in der Albright Art Gallery stattfand: »Ein einziges Gemälde von Still betrachten und studieren zu können, ist ein Erlebnis, aber eine Reihe seiner Bilder im Überblick sehen zu dürfen, eine Offenbarung. Die volle Ausdruckskraft seiner Bildschöpfungen und die überwältigende Macht seiner Aussagen erschließen sich dem Betrachter noch eindringlicher, wenn die Gemälde als Ensemble ausgestellt werden.« Es gibt allerdings auch Menschen, die öffentlich die Ansicht vertreten haben, die Werke Clyfford Stills müßten über den ganzen Erdball verbreitet werden. Das hieße jedoch nicht nur, Stills Leben und Werk und seinem Letzten Willen Gewalt anzutun, sondern auch, andere einer Erfahrung zu berauben, wie sie Gordon Smith erlebt und zum Ausdruck gebracht hat. Stills Leben und Werk bildeten stets eine untrennbare Einheit – und dabei soll es auch bleiben.*

*Diese Gedanken lagen meiner Entscheidung zugrunde, als ich in meiner Eigenschaft als persönlich bevollmächtigte Nachlaßverwalterin Clyfford Stills der Albright-Knox Art Gallery und dem San Francisco Museum of Modern Art meine Zustimmung erteilte, die in ihrer Obhut befindlichen Gemälde der Clyfford-Still-Schenkung für eine Wanderausstellung innerhalb Europas freizugeben (ausgenommen lediglich diejenigen Gemälde, für die nach Meinung der Konservatoren das Risiko einer Beschädigung zu groß war). Alle Organisatoren des Projekts erklärten sich damit einverstanden, daß es sich bei dieser Initiative um ein einmaliges Unternehmen handeln solle, das zu keinem Zeitpunkt als Präzedenzfall für künftige Ausleihen herangezogen werden dürfe.*

*Meine Entscheidung wurde mir auch durch die Tatsache erleichtert, daß Still selbst einmal seine Zustimmung gegeben hatte, die Sammlung in der Albright-Knox Art Gallery zu einer Einzelausstellung nach Bern in die Schweiz zu schicken. Damals waren jedoch unüberwindliche praktische Schwierigkeiten aufgetreten, so daß das Projekt fallengelassen wurde.*

* * *

*Als Dr. Kellein mit der Bitte an mich herantrat, die Biographie des Künstlers für den hier vorgelegten neuen Katalog der Sammlungen in der Albright-Knox Art Gallery und dem San Francisco Museum of Modern Art zu schreiben, habe ich mich gern bereit erklärt, erneut Clyfford Stills Lebensdaten, Lehrveranstaltungen, Ausstellungen, Ehrungen und anderes mehr chronologisch aufzuführen. Weit wichtiger erschien es mir jedoch, seine eigenen Worte zu übermitteln, um ihn vorzustellen und »den Weg zu seinem Werk freizumachen«, wie Still zu sagen pflegte.*

*Ich habe daher eine Auswahl von Stills Briefen und Tagebucheintragungen auszugsweise oder ungekürzt zusammengetragen. Teile von ihnen sind bereits in den Einzelkatalogen seiner Schenkungen an die beiden genannten Institutionen veröffentlicht worden. Andere Zitate entstammen der biographischen Chronologie, die ich für den Katalog der Einzelausstellung von 1979 im Metropolitan Museum of Art in New York zusammengestellt habe.*

Linke Seite:
1 Clyfford Stills Atelier bei Westminster, Maryland

1904 – 30. November. Clyfford Still wird in Grandin in North Dakota geboren. Im Jahr darauf übersiedelt die Familie nach Spokane, Washington.

1910 zieht Stills Vater, von Beruf Buchhalter, von Spokane nach Southern Alberta (Kanada) in die Nähe von Bow Island. Die kanadische Regierung hat Neuland im Westen Kanadas zur Besiedlung und Bearbeitung freigegeben, und viele Menschen mit qualifizierter Berufsausbildung verlassen die Städte Kanadas und der Vereinigten Staaten in der Hoffnung, dort eine neue Existenz gründen zu können. Während seiner Schulzeit reisen Clyfford Still und seine Eltern häufig zwischen Kanada und dem Haus, das sie in Spokane behalten haben, hin und her.

Von frühester Jugend an gilt Stills leidenschaftliches Interesse der Kunst. Seine freie Zeit widmet er dem Zeichnen und Malen und dem Studium der Perspektive, der Form-, Licht- und Farbspiele in der ihn umgebenden Welt. Gleichzeitig sammelt er eifrig Bücher, Graphiken und Zeitschriften und befaßt sich intensiv mit den Werken der alten und neuen Meister, mit denen er auf diese Weise gründlich vertraut wird. Musik, Literatur und Dichtung gehören ebenfalls zu seinen Interessen. Auf dem Klavier, das seine Familie nach Kanada mitgenommen hat, lernt er viele Werke von Chopin, Schubert, Beethoven u.a. auswendig vorzutragen. Und all dies tut er aus freien Stücken in seiner Freizeit. Schon sehr früh erachtet es Still als unabdingbar notwendig, Kunstausübung und Existenzkampf voneinander zu trennen – eine Einstellung, die er zeitlebens beibehält.

Als er 1925 zu seinem ersten Besuch in New York City eintrifft, ist nach seinen eigenen Worten sein erstes Ziel, »das Metropolitan Museum zu besuchen und die Gemälde im Original zu sehen, die ich beim Betrachten ihrer Reproduktionen lieben gelernt hatte«. Aber er findet die Wirklichkeit enttäuschend und beschließt, wieder zu seinem eigenen distanzierten Standpunkt zurückzukehren, der es ihm ermöglicht, seinen unabhängigen Blick zu bewahren und seine Arbeiten nicht dem Geschmack der Öffentlichkeit unterwerfen zu müssen.

1925 – 6. November. Still immatrikuliert sich an der Art Students League in New York, die er nach 45 Minuten wieder verläßt. »Mit den Übungen und Ergebnissen, die ich dort beobachtete, hatte ich mich schon einige Jahre vorher allein gründlich beschäftigt und die meisten davon als Zeitverschwendung verworfen.« Die restliche Zeit in New York verbringt er in Museen und Galerien.

Während der letzten beiden Jahre seiner High-School-Zeit besucht Still die University Preparatory School. Er erhält ein Stipendium für das Kunststudium und ein Teaching Fellowship (Forschungsstipendium, verbunden mit einem akademischen Titel) an der Spokane University, wo er 1933 seine Abschlußprüfung ablegt.

Von 1933 bis 1941 unterrichtet Still am Washington State College in Pullman, Washington (heute Washington State University), zunächst als Teaching Fellow, dann als Instructor, schließlich als Assistant Professor der Schönen Künste. Darüber hinaus findet er noch Zeit, seine eigenen unabhängigen Malstudien fortzusetzen.

An den mündlichen Prüfungen von Kandidaten, die sich um einen akademischen Grad bewerben, nimmt Still häufig als Vertreter der Fakultät der Schönen Künste des Washington State College teil. Daneben gibt er auf Einladung des Dekans der philosophischen Fakultät, Dr. Frank Potter, den für das Rhodes-Stipendium nominierten Kandidaten Kunstunterricht. Still selbst studiert neben Kunst und Philosophie auch Literaturkritik bei dem hervorragenden Dr. Murray Bundy; sein Fachbereich umfaßt die alten und modernen Kunstepochen; Schwerpunkt-Themen sind Platon, Longinus und Benedetto Croce.

1934 und 1935 – jeweils im Sommer. Still wird an die Trask Foundation (Yaddo) in Saratoga Springs, New York, eingeladen. Diese Monate in Yaddo bieten ihm eine willkommene Entlastung von den wachsenden Anforderungen an seine Zeit. »Ich konnte aus einer anderen, momentan freien Position heraus meine Ressourcen sammeln und beginnen, das Potential des Instruments zu erforschen, das ich instinktiv als offenes Medium in einem Feld geschlossener Alternativen gewählt hatte.«

Im Jahr 1935 beherrscht Still seine künstlerischen Mittel vollkommen. Er schreibt über diese Zeit:

> Ich wußte, von nun an würde ich meinen Weg als Maler abseits des klassischen europäischen Erbes gehen müssen. Die antike Form von Protest und Parodie (Picabia, Duchamp und den Theoretiker Breton) lehnte ich als Lösung ab, ebenso die Übernahme der Formensprache exotischer Kulturen (Picasso, Modigliani), die als künstlerische Manifestationen in den beiden ersten Jahrzehnten unseres Jahrhunderts in der Welt der gedruckten Medien und der künstlerischen Erziehung sehr populär waren. Selbstverständlich verwarf ich von vornherein die mechanischen und technologischen Themen des Bauhauses, die die mitteleuropäische Ethik prägten. Ich erkannte darin ein Sich-Ausliefern an Systeme der Macht und der Massenkontrolle mit ihrem Unterbau aus politischen und reaktionären Thesen... Man muß das Instrument anwenden – es zu einem organischen Bestandteil des eigenen Seins machen – seine Identität und sein unerschlossenes Potential als Mittel für künftige Einsätze entfesseln. Aber nicht zum Zweck der Ausbeutung, sondern zur Verwirklichung einer kreativen Identität, wenn Sie so wollen, die man auf diese Weise zum Leben erweckt.

Viele Menschen in Yaddo waren von Stills Schaffen und Ideen fasziniert und drangen in ihn, in New York zu bleiben. Aber bereits eingegangene Verpflichtungen machten seine Rückkehr ans Washington State College zwingend. Während der beiden Sommeraufenthalte in Yaddo lernt Still unter anderen Bernard Haggin, James T. Farrell, Joseph De Martini, Peter Neagoe, Roy Harris, Clara Stillman, Jean Liberte, Agnes Tait und Leonard Ehrlich kennen.

Eine der letzten Ausstellungen unter dem Vorsitz einer Jury, der Still seine Werke unterbreitet, ist die 110. Jahresschau der National Academy of Design von 1935.

Sein privates Kunstschaffen führt er mit einer Reihe von Ölbildern auf Leinwand weiter. Über die zweite Hälfte der dreißiger Jahre schreibt er:

> Ich arbeitete mich durch die bildnerischen Mittel, denen ich durch meine Kultur verhaftet war, bis sich mir mein eigener Weg deutlich eröffnete. Die Befreiung meiner Malerei aus der Bindung mechanisch konstruierter Bildstrukturen nach dem Diktat der zeitgenössischen sozialen Ethik – die eine totalitäre Falle war – ließ sich mit der Rückkehr zu den urtümlichen Quellen ihrer Bildlichkeit gleichsetzen und auf das Paradoxe ihrer anmaßenden Autorität zurückführen. Die Stilrichtungen und ›Ismen‹ der Vergangenheit habe ich nicht ›überarbeitet‹ und mir anverwandelt, mochte es sich nun um Realismus, Surrealismus, Expressionismus, Bauhaus, Impressionismus oder was auch immer handeln. Ich kehrte zu meinen eigenen Ausdrucksformen zurück, die ich konzipierte, schuf und durchdachte. Und der Blick nach innen mit seiner impulsgebenden Kraft hat das gesamte Konzept des Malaktes von Grund auf verändert.

2 Clyfford Still, Juli 1964 (Photo Sandra Still)

Am Ende des Schuljahres 1941 gibt Still sein Lehramt am Washington State College auf und übersiedelt nach Kalifornien. Vom Dezember 1941 bis zum Sommer 1943 arbeitet er in der Rüstungsindustrie: beim Schiffsbau in Oakland (Kalifornien) als Stahlprüfer für die Marine beim Bau des U-Boot-Mutterschiffs ›Coucal‹ und später in San Francisco als Ingenieur für Materialüberwachung und -ausgabe bei Hammon Aircraft, einer Firma, die Montageteile für die Douglas A-20 Flugzeuge herstellt. Wenngleich diese Arbeit den größten Teil seiner Zeit und Energie in Anspruch nimmt, malt er doch weiterhin regelmäßig in seiner Freizeit, so daß in dieser Phase eine Anzahl außergewöhnlicher und sehr wichtiger Gemälde entsteht. Verschiedene dieser Bilder werden in Stills erster Einzelausstellung gezeigt, die im März 1943 im San Francisco Museum of Art (heute das San Francisco Museum of Modern Art) in Form einer Retrospektive stattfindet (Abb. 7).

Im Herbst 1943 lernt Still im Haus von Earle Blew in Berkeley, Kalifornien, Mark Rothko kennen. Still übernimmt eine Professur am Richmond Professional Institute in Richmond, Virginia, einer Zweigniederlassung des College of William and Mary in Williamsburg, Virginia (heute ist das RPI die Virginia Commonwealth University).

Obwohl mit ungewöhnlich zahlreichen Unterrichtsverpflichtungen überbürdet – er muß 32 Stunden halten –, gestaltet Still dort für sich eine immense Vielfalt von Werken. In dieser Zeit entstehen auch die einzigen Lithographien seiner Künstlerlaufbahn. In einer Serie von 21 Blättern, mit denen er vielfältige Techniken und Anwendungsbereiche für dieses Medium erkundet, verwendet er bewußt vertraute Motive aus seinen anderen Arbeiten.

Daneben entsteht eine große Anzahl von Ölbildern auf Papier. Über sie schreibt er: »Jedes ist ein abgeschlossenes Gemälde, nicht eine vorbereitende Skizze für ein großes Bild, wenn ich auch einige Male fand, daß die Idee nach einer großen Malfläche verlangte.« **1943** (PH-555), Öl auf schwarzem Papier (Abb. 4), das von der Marlborough-Gerson Gallery, New York, erworben und dort im Jahre 1969 ausgestellt wurde, bildet

3 **1943-A**, Öl auf blauem Tuch, 90 x 76 cm (35 ½ x 30″)
The Metropolitan Museum of Art, New York

4 **1943**, Öl auf schwarzem Papier,
50 x 39 cm (19 ⅞ x 15 ⅝″)

5 **1944-N No. 1**, Öl auf Leinwand,
262,5 x 231 cm (105 x 92 ½″); PH 235

6 **1944-N No. 2**, Öl auf Leinwand,
260 x 217,5 cm (104 x 87″); PH 671

7 Retrospektive im San Francisco Museum of Art, März 1943

das Grundkonzept von zwei großen Werken: **1944-N No. 1** und **1944-N No. 2**.

Neben den Gemälden auf Papier malte Still während seiner Zeit in Richmond viele auf Leinwand in Öl. Unter ihnen befinden sich mehrere Bilder, die seinerzeit als sehr groß dimensioniert empfunden wurden:
**1944-A** (PH-751), 175 x 242,5 cm, ausgestellt 1959 in der Albright Art Gallery;
**1944** (PH-255), 172,5 x 233 cm, privat gezeigt in Richmond, Virginia;
**1944-N No. 1** (PH-235; Abb. 5), ausgestellt im Metropolitan Museum of Art, Retrospektive 1979;
**1944-N No. 2** (PH-671; Abb. 6), ausgestellt 1959 in der Albright Art Gallery, heute in der Sammlung Sidney und Harriet Janis, The Museum of Modern Art, New York;
**1945** (PH-254), 227,5 x 170 cm, ausgestellt 1946 in der Art of This Century Gallery;
**1945-H** (PH-135), 225 x 172,5 cm, ausgestellt 1947 in der Betty Parsons Gallery; 1947 im California Palace of the Legion of Honour; 1959 in der Albright Art Gallery; Bestandteil der Schenkung an das San Francisco Museum of Modern Art.

Hier ist hervorzuheben, daß Still niemals das riesige Format einer Leinwand an sich für wichtig erachtete. Für ihn erhielt die Größe erst dann Bedeutung, wenn der Inhalt eines Bildes ein großes optisches Feld der Darbietung verdiente. Aber Größe und Charakter einiger der in dieser Periode entstandenen Werke scheinen das spezielle Interesse einiger ›Sachverständiger‹ innerhalb der Kunstszene herausgefordert zu haben. Das bezeugt der folgende Brief von Rosamond McCanless, Bibliothekarin und Archivarin für Spezialsammlungen an der James Branch Cabell Library der Virginia University, Richmond, Virginia (vormals das Richmond Professional Institute), an Charles Kessler in Santa Monica, Kalifornien, der diesem Aspekt von Clyfford Stills Schaffen interessante Untersuchungen widmete:

Sehr geehrter Mr. Kessler, 14. Januar 1974

vor kurzem ist Ihr Schreiben mit der Bitte um Informationen über die Bilder von Clyfford Still hier eingetroffen. Ich wünschte, ich könnte Ihnen mehr sagen, zumal Clyfford Still, als er 1943-1945 am Richmond Professional Institute lehrte, wie die VCU damals hieß, zu den Menschen gehörte, die ich am meisten schätzte. Ich war mehrere Male bei Mr. und Mrs. Still zum Dinner in ihrer Wohnung in einem unserer Fakultätsgebäude eingeladen. Nach dem Essen genoß ich es, Musik aus Clyffords schöner Plattensammlung zu hören und seinen Ausführungen zu lauschen.

Ich erinnere mich, daß zwei, vielleicht auch drei, seiner großen Gemälde im Wohnzimmer hingen. Sie waren sehr dunkel gehalten. Im Augenblick kann ich mich nur an die Komposition eines dieser Bilder erinnern. Es war ein großes schwarzes Ölgemälde mit einem vom Zentrum leicht nach rechts verschobenen Lichtstreifen im oberen Teil. Ich glaube, der Streifen war entweder hellgelb und ging, fein abgestuft, in Weiß über oder umgekehrt. Mir schien es ein merkwürdiges Bild. Ich habe den Marlborough-Gerson-Katalog von 1969 durchgeblättert, um zu sehen, ob das Gemälde darin abgebildet ist.

Der Katalog liefert zu No. 1, Öl auf schwarzem Papier (1943, 50 x 39 cm), die folgende Anmerkung: »Dieses Werk bildet die konzeptuelle Grundlage für zwei große Ölgemälde auf Leinwand, die im Jahre 1944 in Richmond, Virginia, geschaffen wurden.«

Ich glaube, daß das oben von mir beschriebene große Gemälde nach der No. 1 geschaffen wurde. Wenn man die Linien von No. 1 entfernen würde, aber den Streifen im oberen Teil stehenließe, dann würde die verbleibende Komposition wie das große Bild aussehen, das ich in Clyffs Apartment gesehen habe. Mr. Stills Wohnung war sehr interessant eingerichtet, sie wirkte ziemlich streng mit den langen schwarzen Vorhängen an den Fenstern, die seine Bilder hervorhoben.

Ich hoffe, daß diese wenigen Informationen Ihnen ein wenig nützen können. Wir sind stolz auf die Tatsache, daß Clyfford Still einmal mit unserer Kunstschule verbunden war. Wenn Sie noch weitere Fragen haben, zögern Sie bitte nicht, sich an mich zu wenden; ich fürchte freilich, daß ich Ihnen über seine Arbeit wenig sagen kann.

Mit freundlichen Grüßen, Rosamond McCanless

Zwei weitere bedeutende und einflußreiche Werke sind Clyfford Stills Schaffensperiode in Richmond zu verdanken: **1945** (PH-233) und **July 1945-R** (PH-193). Das erstere wurde in der Einzelausstellung von 1946 in Peggy Guggenheims Galerie ›Art of This Century‹ gezeigt und befindet sich heute als Schenkung Peggy Guggenheims in der Sammlung des San Francisco Museum of Modern Art.

Das zweite, **July 1945-R** (Tafel 9), wurde ebenfalls 1946 in der Galerie ›Art of This Century‹ präsentiert; 1947 erschien es im Rahmen einer Gruppenausstellung in der Betty Parsons Gallery; 1959 schloß es Clyfford Still in seine Ausstellung und später in seine Schenkung an die Albright-Knox Art Gallery ein.

1944 – 11. Januar. Während seines Aufenthalts in Richmond schreibt Clyfford Still in sein Tagebuch:

Letztlich gibt es [für meine Arbeit] eben keine logische Erklärung, was immer auch die Psychologen oder Psychoanalytiker behaupten mögen. Ihre Werkzeuge sind allzu plump und völlig sinnlos. Ihre Werkzeuge sind tot – sind die Verkörperung des Todes selbst, und es ist nun einmal unmöglich, das Leben im Tode zu erfassen. Ihre Werkzeuge sind Negation an sich. Das kann man natürlich nicht lehren. Man versucht einfach, die Last der pädagogischen Negationen, die den Geist eines Studenten einengen, wegzuräumen, damit er seine inneren Kräfte verstehen und mit ihnen in Verbindung treten kann. Von denjenigen, die keinen Sinn darin sehen, wendet man sich ab. Für diejenigen, die diese Wahrheit entdecken, wird nicht ein Wettbewerbsdenken, sondern ein wundervolles Staunen, eine Nähe zur Schöpfung entstehen.

1945 – Am Ende des Frühjahrssemesters legt Still sein Lehramt am Richmond Professional Institute nieder und übersiedelt nach New York City. Mark Rothko stellt ihn Peggy Guggenheim vor, die ihn auffordert, ein Gemälde zum ›Herbstsalon‹ einzureichen, der am 6. Oktober in ihrer Galerie ›Art of This Century‹ eröffnet wird. Stills schwarzes Gemälde **1945** (PH-314), 158,8 x 116,8 cm, bildet den Mittelpunkt des Hauptteils der Galerie. Dieses Gemälde ist auch Bestandteil von Stills Einzelausstellung, die im Februar in der Galerie stattfindet.

Im Herbst und Winter 1945-1946 schafft Still nicht nur eine Reihe von Gemälden, sondern macht auch viele Tagebucheintragungen. In ihnen zeigt er sich als Beobachter der Kunstszene und seiner eigenen Beziehungen zu ihr; dabei hält er auch seine persönlichen Einsichten und Einstellungen fest. Die folgenden Zeilen schreibt er im Herbst 1945:

Am meisten beklage ich die Überbewertung der Worte. Nicht die Worte der Dichter, sondern die Worte, die erklären, argumentieren, debattieren, ableiten, folgern, ›Tatbestände‹ schaffen. Worte sind allmächtig geworden, weil sie für den Vertreter des Nützlichkeitsprinzips und den Praktiker ein so leicht zu handhabendes Werkzeug darstellen. Nicht, daß sie perfekte Instrumente verkörperten. Das Gegenteil ist der Fall, wie jeder Mathematiker beweisen und jeder Musiker betonen wird. Es ist nur einfach so, daß in der sozialen Kommunikation der Menschen untereinander die Worte unbewußt mit Bedeutungen befrachtet sind, die auf gefährliche Weise auf den Benutzer zurückwirken. Sie simulieren das A und O des gegenseitigen Verstehens. Nützlichkeit wird mit Wert verwechselt. Wortreichtum wird zum Surrogat von Verständnis. Und alles führt zu Worten und Worte werden zum Ersatz für alles. Vom Zustand des Wetters bis zur Interpretation eines Bildes tragen Worte das Gewicht unseres stammelnden Lebens.

Als Ersatz für das Denken, als Ersatz für das Sehen, als Ersatz für das Hören und Riechen, ja sogar für das Lieben, tragen Worte auf beachtliche Weise dazu bei, Erfahrung und Erkenntnis entarten und verkümmern zu lassen. Gerade in ihrer Vertrautheit und allgemeinen Gebräuchlichkeit liegt ihre verräterische Gefahr. Sie sind dem Narren und seinen scheinbar plausiblen Beweisgründen so bereitwillig zu Diensten. Sie verstärken seine Akzeptanz des Offensichtlichen, des Oberflächlichen und all dessen, was er das Reale nennt. Und so gerät die Welt in den Sog des Vernünftigen, des Logischen, des Gesunden und des Pseudo-Wissenschaftlichen.

Peggy Guggenheim entschuldigte sich dafür, keine gute Dolmetscherin für Breton abzugeben (als sie ihn in mein Atelier in der Cornelia Street mitbrachte, um ihm meine Arbeiten zu zeigen). »Er ist ein Intellektueller und ich nicht«, erklärte sie. Ihre Entschuldigung und seine Verwirrung schienen das Kernproblem zu treffen. Der Intellektuelle war verwirrt, aber die Person, die das Bild sehen konnte, war es ganz und gar nicht. Ohne sein dialektisches Rüstzeug und einen einschlägigen Wortschatz war Breton verloren. Peggy

8 Einzelausstellung in der Galerie ›Art of This Century‹, New York, Februar bis März 1946

Guggenheim dagegen erschien frei von Zweifeln und ihrer Sache außerordentlich sicher. Breton drückte sein Interesse aus, war jedoch um Worte verlegen, als er entdeckte, daß ich den Bildern keine Titel gegeben hatte, die ihm einen Schlüssel zu ihrer Bedeutung hätten liefern können.

Er erkannte lediglich, daß ich das Credo seiner surrealistischen Theologie nicht teilte.

1946 – In dieser Zeit findet sich in Stills Aufzeichnungen folgende Eintragung:

Ich sehe der Eröffnung der Ausstellung mit einer seltsamen Mischung aus freudiger Erwartung, Hoffnung und Zynismus entgegen. In weiser Voraussicht habe ich meine Vorkehrungen zur Flucht zurück nach West-Kanada getroffen. Hier ist die Atmosphäre allzusehr kommerzialisiert, als daß man ihrem verhängnisvollen Zwang und der damit verbundenen Unterdrückung der Freiheit des schöpferischen Geistes entfliehen könnte.

Man bekommt oft zu hören, daß alle »erfolgreichen Künstler aussehen wie Geschäftsleute«. Tatsache ist, daß sie gewitzte und hartgesottene Geschäftsleute mit politischem Fingerspitzengefühl sind, die sich nebenbei mit Malerei beschäftigen. Obwohl sie alle mit leidlicher Intelligenz und Einsichtsfähigkeit ausgestattet sind, läßt sich doch in dem ganzen Haufen kaum ein Funke kreativer Revolte entdecken. Sie sind lediglich tüchtige Leute, die in jedem Betätigungsfeld, dem sie sich zuwenden mögen, gute Arbeit leisten und sich dort in ihrem Element fühlen. Aber sie alle wissen sehr wohl, für wen sie malen und warum – jedenfalls nicht zur geistigen und seelischen Erhebung.

1946 – 12. Februar bis 7. März. Einzelausstellung Clyfford Still in der Galerie ›Art of This Century‹ (Abb. 8). Zwölf Ölgemälde auf Leinwand und ein Konvolut von etwa 21 Ölbildern auf Papier werden gezeigt. Die von der Galerie für die Schau gedruckte Broschüre enthält ein Verzeichnis der Gemälde mit Bildtiteln. Diese Titel haben die Angestellten der Galerie aus eigenem Antrieb und aus Freude an der Sache erfunden und angebracht, um die Bilder zu identifizieren.

1946 – Frühling. Still verläßt New York und reist für den Sommer nach Kanada. Dort schreibt er am 10. Mai 1946:

Sogar Herbert Read kommt mir in den Sinn, wie er an jenem Abend, als er zum ersten Mal nach New York kam, sofort zu Peggy Guggenheims Galerie ging. Dort stand er linkisch herum und sprach mit einigen von uns über das Essen in Großbritannien und die Schwierigkeiten, dort zu leben. Und ich fragte mich damals, was denn an diesem Mann dran war. Ich konnte mir nur selbst antworten, daß er für mich zu der Schar derjenigen gehörte, die den Surrealismus mit dem Bauhaus zu versöhnen suchten und folglich auch mit der sich daraus ergebenden Sozialisierung der Kunst auf der üblichen funktionalen Basis. Wir haben also ein Recht zu leben, weil die Gesellschaft Verwendung für uns hat!

1946 – Herbst. Still kehrt nach San Francisco zurück und übernimmt eine Lehrtätigkeit an der California School of Fine Arts (CSFA; heute das San Francisco Art Institute). Er unterrichtet dort vier Jahre lang, von 1946 bis 1950. Mit den Künstlerfreunden, die er in New York gewonnen hat, hält er während der nächsten Jahre engen Kontakt, sowohl brieflich als auch durch seine häufigen Reisen dorthin.

1947 – 14. bis 26. April. Einzelausstellung in der Betty Parsons Gallery in New York. Still reist zusammen mit dem Direktor der CSFA, Douglas MacAgy, nach New York, um die Ausstellung vorzubereiten und die Hängung der Bilder zu überwachen. Während dieses Besuchs unterbreitet Still Rothko und MacAgy seine Idee, eine Anzahl aktiver Künstler in Form einer ›Lehrergruppe‹ zusam-

9 Einzelausstellung im California Palace of the Legion of Honor, San Francisco, Juli 1947

menzubringen, um jüngeren Malern in New York zu helfen. Diese Gruppe sollte später ›The Subjects of the Artist‹ genannt werden. Als Rothko im Sommersemester 1947 an der CSFA unterrichtet, diskutieren die Freunde die Idee der ›Malschule‹ für New York von neuem.

1947 – Juli. Still erhält eine Einzelausstellung im California Palace der Legion of Honor in San Francisco (Abb. 9). In seinem Ausstellungsbericht widmet Kenneth Sawyer dem Künstler einen Artikel mit dem Titel »U.S. Painters Today, No. 1: Clyfford Still«, der später in ›Portfolio and Art News Annual‹, No. 2 (1960) erscheint:

> Es war die Ausstellung in San Francisco, die Stills Schaffen einer Reihe von jungen Menschen – mich eingeschlossen – nahebrachte, die entweder an der California School of Fine Arts studierten oder sich düster mit der Situation der Malerei in Amerika auseinandersetzten. Unsere erste Reaktion auf diese kraftvollen, durch und durch originären Ölgemälde war Ungläubigkeit, dann Erschütterung und schließlich Bewunderung. Die meisten von uns, Veteranen des Zweiten Weltkrieges, hegten strenge Ansichten über Art und Aufgabe der modernen Malerei: Es mußte schon Mondrian, Miró oder Picasso sein. Die Bilder jedoch, mit denen wir im Legion Museum konfrontiert wurden, standen in keinerlei Beziehung zu unseren Vorstellungen – sie hatten sogar auf eine höchst verwirrende Weise nichts mit ihnen zu tun. Stills Bildschöpfungen waren organisch, seine Farben und Malflächen besaßen keine Gemeinsamkeiten mit dem, was wir als ›gute‹ moderne Malerei zu sehen gelernt hatten. Leidenschaftliche Kraft, Dynamik und rohe Direktheit prägten seine Werke, die wenige von uns als Kunst anerkennen mochten – obwohl wir natürlich die bildnerische Gewalt der vorherrschenden zeitgenössischen Europäer akzeptierten. Es war niederschmetternd, wie die eigenen Überzeugungen in einer einzigen Ausstellung in sich zusammenstürzten. Hier war eine Malerei, die noch im Akt des Zerstörens belehrte: Die Schule von Paris war für uns plötzlich gestorben, etwas Neues, etwas, was die meisten von uns noch nicht definieren konnten, hatte sich ereignet.

1948 – Nach Abschluß des Sommersemesters kündigt Still bei der CSFA und geht nach New York. Sein Ziel ist es, dort seine Idee in die Tat umzusetzen, die er schon 1947 Rothko und MacAgy vorgetragen hat: eine Gruppe von aktiven Künstlern in Form einer freien ›Malschule‹ zusammenzubringen, um jüngeren Künstlern im New Yorker Umfeld zu helfen. In einem Brief an Robert Motherwell vom 3. Januar 1948 schreibt er:

> Das Problem, dem wir gegenüberstehen, läßt sich auf einen winzigen Kernsatz reduzieren: nämlich unsere Arbeit so zu planen, daß sie zu den bestmöglichen Resultaten führt. Wir müssen also um uns herum eine sich schrittweise vergrößernde Gruppe sammeln, deren Mitglieder die Fähigkeit, die Integrität und die nötige Einsicht besitzen, um die Wirkkraft und den Wert ihres Denkens zu erkennen... Es muß sich doch irgendwo irgendwer oder irgendein Weg finden lassen, der nicht von politischen Zwecken oder sozialen Bedürfnissen korrumpiert ist, um einen derartigen Plan zu verwirklichen... Wie schwierig auch die Lösung sein mag, in ihr liegt das Quentchen Hoffnung, das ich noch hege, hinsichtlich meiner Beziehung zur Gesellschaft eine Lösung zu finden. Wahrscheinlich ist es die närrischste Hoffnung, die ich je hatte.

In seinen Aufzeichnungen vom Juni 1948 schreibt Still über einen Abend bei Rothko:

> Die Unterhaltung wandte sich dem Thema der ›Schule‹ zu. Der Idee, ein freies Schaffenszentrum zur Förderung der Phantasie und der individuellen Vision der Künstler zu gründen..., eine Gruppe von Malern zu versammeln, von denen jeder das Zentrum an einem Nachmittag in der Woche besucht. Jeder von ihnen eine sich von allen anderen deutlich abhebende Entität, jeder von ihnen frei, zu lehren, wie er will, oder auch wegzubleiben, mit Studenten, die arbeiten oder auch wegbleiben können, die die Freiheit besitzen, die Kurse aller Lehrer, eines einzigen oder überhaupt keinen Kurs zu besuchen. Die Schaffenden würden natürlich im Hinblick auf ihre Intelligenz und ihren ›Drive‹ ausgewählt. Andere könnten dorthin gehen, wohin sie üblicherweise gehen: in die normale Kunstschule.

Die Frage, wer aufgefordert werden sollte, der Gruppe der ›Lehrer‹ beizutreten, wird lange und eingehend diskutiert. Nur ausübende Künstler kommen in Betracht. Wie der Original-Katalog belegt, einigt man sich auf William Baziotes, David Hare, Robert Motherwell und Mark Rothko. Unglücklicherweise geschieht bis Ende August nichts, um die Idee in die Tat umzusetzen. Still erkennt ganz klar, daß die endlosen Diskussionen und Verzögerungen zu einer Verwässerung des ursprünglichen Plans führen müssen und daß daraus nur ein Chaos entstehen kann. Er schlägt vor, das Unternehmen um ein Jahr zu verschieben.

Daraufhin kehrt Still nach San Francisco zurück und nimmt wieder seine Lehrtätigkeit an der CSFA auf. Er gründet die ›Graduate Painting Class‹, eine Einrichtung, die die Schule weltweit bekannt macht. Auf Geheiß der Verwaltung muß er zuvor den Beweis antreten, daß die

10 **1947-H No. 2**, Öl auf Leinwand, 157,5 x 101 cm (63 1/8 x 40 3/4″)

Klasse sich finanziell selbst tragen kann, bevor ihm gestattet wird, sie einzurichten. Aber die Studenten sind so begierig auf diese Klasse, daß sie selbst die Namen dafür sammeln. Sie bringen so viele Unterschriften zusammen, daß sie nicht nur ausreichen, die Klasse einzurichten, sondern fast die doppelte Menge der erforderlichen Anzahl ausmachen.

Während des Schuljahres gibt Still den Studenten den Rat, ihre eigene kleine Galerie in San Francisco zu etablieren. Die Galerie, die 1949 in der Bush Street 527 ihre Pforten öffnet, wird unter dem Namen ›Metart Gallery‹ bekannt.

Die Briefe, die Rothko in den folgenden Monaten – im Herbst 1948 – an Still richtet, beschreiben die kurze Geschichte der Malschule in New York, die im Oktober eröffnet wird. Still meinte später, daß der Name, den man ihr gab – ›The Subjects of the Artist‹ (Die Themen des Künstlers) – ein »vollkommen absurder Name war, offensichtlich mehr darauf ausgerichtet, die Aufmerksamkeit von Studenten auf sich zu ziehen, als die Prinzipien zu vertreten, die ich verfocht. Eine polemische Übung.« (Matta, der im Anfangsstadium der Vorbereitungen als möglicher Lehrer gegolten hatte, schien hauptsächlich an einem Titel für das Projekt interessiert. Er hatte es »And of« oder »Edge« nennen wollen.) Still legt brieflich scharfen Protest gegen die verfehlte Konzeption des endgültig festgelegten Stundenplans und die in ihm festgeschriebenen Methoden ein.

Rothko schreibt im Dezember 1948, daß Barnett Newman von Robert Motherwell für die Gruppe zum Zweck von Werbemaßnahmen und die Einrichtung von Vorlesungen und Seminaren vorgeschlagen worden sei. Man habe jedoch Newman nicht aufgefordert, dem Lehrkörper beizutreten, weil er kein ausübender Künstler sei. Rothko fügt hinzu, daß in dieser Vorgehensweise die Gefahr läge, das Projekt in seiner ursprünglichen Konzeption zu verwässern. In einem später abgefaßten Brief teilt er mit, er habe sich am Rande eines kleinen Zusammenbruchs befunden und sich vollkommen von der Mitwirkung an der ›Schule‹ zurückgezogen. Und am Schluß meint er, Still hätte dies alles schon zu Anfang deutlich erkannt und seine Nerven rechtzeitig vor Schaden bewahrt.

1948 – 1. Dezember bis 16. Januar 1949. Stills Gemälde **1947-H No. 2** (PH-237; Abb. 10) wird in der Third Annual Exhibition of Painting im California Palace of the Legion of Honor in San Francisco ausgestellt.

Auf dieses Bild bezieht sich ein Brief an den Herausgeber der ›San Francisco News‹ vom 15. Dezember 1948:

> Vor allem in einem Flügel befindet sich ein Bild, oder besser gesagt, ein ziemlich großes Stück Leinwand, mit schwarzer Farbe beschmiert, die die Leinwand nur teilweise bedeckt. Das ist eine einzige Beleidigung der Steuerzahler von San Francisco, zu denen auch ich gehöre. Dieser Typ ›Kunst‹ stellt mit Sicherheit keine Kunst dar, sondern ist vielmehr eine Art Verhöhnung, die dem kunstliebenden Publikum untergeschoben wird. Und wenn meine kleine Stimme gehört werden kann, fordere ich die Entfernung dieser schrecklichen Monstrosität aus diesem Museum der Schönen Künste, und ich verlange, daß an seine Stelle ein Werk gehängt wird, das der Bezeichnung ›Schöne Künste‹ gerecht wird.

Alexander Fried, der Kunstkritiker des ›San Francisco Examiner‹, schreibt am 12. Dezember 1948:

> Offensichtlich gehen Clyfford Still und Mark Rothko von dem Grundprinzip aus, daß alles, was sie auf die Leinwand setzen, ein menschliches Dokument darstellt (Menschenhände haben es schließlich geschaffen, nicht wahr?) und so Kunst sein kann... Wenn dem so ist, warum nicht einfach ein gebrauchtes Handtuch an die Wand hängen und ihm eine Nummer im Katalog geben?

Im Vorwort des Katalogs zur selben Ausstellung schreibt Jermayne MacAgy:

> Wenn wir die Sprache des Bildraums als tiefgründiges philosophisches Symbol anerkennen, dann dürfen wir den Schluß ziehen, daß diese Maler [John Atherton, I. Rice Pereira, Robert Motherwell], so sehr sie sich auch in ihrer Sehweise unterscheiden mögen, bestimmten begrenzten Dimensionen der Erkenntnis unterliegen. In den letzten Jahren ist zunehmend deutlich geworden, daß Clyfford Still und Mark Rothko diese Grenzen durchbrochen haben. Ein Blick auf ihre Werke offenbart zwar große Unterschiede in ihrem Schaffen, gemeinsam ist ihnen aber, daß sich ihre Malerei den Maßstäben konventioneller bildnerischer Raumdeutung entzieht. Abstrakte Maler bedienen sich gern des Verfahrens, durch eine Art bildlicher Metapher einen Bezug zum dreidimensionalen Raum herzustellen. Das malerische Medium selbst, das im physikalischen Sinn räumlicher Natur ist, stützt diese Anspielung. Still und Rothko jedoch schlagen die entgegengesetzte Richtung ein. Ihre Metaphern verleihen der physischen Dimension der Malerei Werte eines menschlichen Bereichs, der für die westliche Kunst bislang unerreichbar gewesen ist.

1949 – Herbst. Aus einem Brief Clyfford Stills:

> Ein Wort über Ortega y Gasset. Ich nehme immer noch ziemlichen Anstoß daran, daß eine implizite Bestätigung durch einen simplen philosophischen Schreiberling notwendig zu sein scheint, unserer Arbeit Autorität zu verleihen. Alles ist in Ordnung, wenn wir in den unvermeidlichen Fluß des evolutionären Musters zu passen scheinen. Auf diese Weise werden wir dem Ganzen einverleibt, auf diese Weise spielen wir im Rahmen einer höchst angreifbaren Hypothese die Rolle des Objekts. Schwerfällig von Begriff, wie diese Gelehrten nun einmal sind, katalogisieren sie vollendete Tatsachen und leugnen die Möglichkeit neuer Tatbestände. Sie sind vorsichtig genug, in ihrem Tun nicht innezuhalten und sich zu fragen, was wohl aus ihrer unentrinnbaren Höherentwicklung geworden wäre, wenn es zwei oder drei Dutzend aus zwei Milliarden Individuen nicht gegeben hätte. Aber das ist der Preis, den man für das Vergnügen des Überlebens in einer der erstaunlichsten aller Welten zahlen muß. Wenn man keine ›Bewegung‹ in einer Kunstschule ist, so ist man eine ›Bewegung‹ für einen Kunsthändler oder Galeriedirektor. Es scheint ganz passend, daß dieser Begriff auch den Vorgang der Darm-Peristaltik suggeriert.

1950 – 17. April bis 6. Mai. Einzelausstellung in der Betty Parsons Gallery in New York (Abb. 11, 12). Vom 17. Juni bis 14. Juli ehren Studenten der ›Metart Gallery‹ Still anläßlich seines Ausscheidens aus der California School of Fine Arts mit einer Einzelausstellung. Es ist die letzte vor der Schließung der Galerie.

1950 – Herbst. Still übersiedelt nach New York City. Zunächst wohnt er in der 87. Straße. Später mietet er ein Atelier im 3. Stock eines Hauses am Cooper Square 48. Während seiner letzten Jahre in New York lebt und

11,12 Einzelausstellung in der Betty Parsons Gallery, New York, April bis Mai 1950

arbeitet Still in der 128 West 23rd Street. Zwischen 1950 und 1961 unternimmt er einige mehrmonatige Reisen an die Westküste.

1951 – 19. Januar bis 17. Februar. Einzelausstellung in der Betty Parsons Gallery, New York (Abb. 13). Im Mai schreibt Still in einem Brief an Mark Rothko:

> Ich behaupte: wenn ein Mann in seiner Kunst nicht die Kraft findet, den Wert sozialer Macht zugunsten der echten Sicherheit seiner inneren Selbsterfahrung zu leugnen und zu verwerfen, befindet er sich auf dem Weg zu einer Hölle der Frustrationen. Denn dieser Weg hat kein Ende, und seine Not wird mit den Jahren wachsen.

1951 – Mai. Aus einem Brief an einen Freund:

> Es ist offenkundig, daß meine Einstellungen wenig gefühlsbetonte oder intime Regungen beinhalten. Ganz gewiß würde ich am liebsten meine Arbeit ohne jeden sozialen Bezug schaffen. Wenn ich ein Gemälde ausstelle, möchte ich es sagen lassen: »Hier bin ich; das ist meine Präsenz, mein Empfinden, mein Selbst. Hier stehe ich, unerbittlich, stolz, lebendig, nackt, furchtlos. Derjenige, dem das mißfällt, sollte sich abwenden, weil ich ihn ansehe. Ich verlange nichts. Ich mache nur geltend, daß ich es vermag, in der Totalität meines So-Seins, das seiner kulturellen Tarnung entkleidet ist, dazustehen, und daß ich es vermag, die eigensüchtigen Menschen, die an mir vorübergehen, ohne Erbitterung, Ver-

13 Einzelausstellung in der Betty Parsons Gallery, New York, Januar bis Februar 1951

langen oder Furcht anzusehen.« Ich glaube, ich bin dabei, mir diese innere Haltung selbst anzueignen. Natürlich reagiere ich immer noch auf diejenigen, die mich benützen wollen, oder lasse mich in Kompromisse verstricken. Schließlich ist die Strecke weder ganz gelaufen noch sind alle Fragen gelöst. Aber ich kenne meinen Weg, meine Richtung. Ich habe mich der Möglichkeit völligen Mißerfolgs ausgeliefert, indem ich die volle Verantwortung für meine Handlungen übernommen habe. Daraus folgt, daß nur ich allein um meine Absichten und deren Erfüllung wissen kann. Ganz gewiß will ich mich nicht dem Urteil irgendeines Menschen beugen und die Rolle einer Marionette spielen.

Lob und Kritik sind äußerst gefährliche Getränke, die einen beunruhigenden Nachgeschmack zurücklassen. Ihr Wert, wenn sie denn einen besitzen, muß sich an demjenigen messen lassen, der sie verteilt, und nicht an der Lust oder dem Schmerz, den sie mit sich bringen. Was mich betrifft, so will ich das gerne tun. Ich bin bereit, jedem Mann Essen, eine Schlafstatt oder mein Hemd zu geben, aber sobald er meine Arbeit, meinen Geist, antastet, wird sein Blut an meinen Händen kleben. Damit bestehe ich fest darauf, daß ich weder eine Summe von Teilen darstelle noch mich als solche zu sehen bereit bin. Ich sage, daß ich bin, und werde dies bekräftigen, indem ich jeden Aspekt dieser Identität klar und deutlich in vollem Umfang darlege.

1951 übernimmt Still den Unterricht an der Summer School des Hunter College, N.Y., der City University of N.Y.; 1952 und 1953 lehrt er im Rahmen des Lehrer-Ausbildungsprogramms zwei Semester lang am Brooklyn College der City University of N.Y., mit Schwerpunkt auf den graphischen Techniken.

1952 – 9. April bis 6. Juli. Bei der Ausstellung ›15 Americans‹ im Museum of Modern Art unter der Leitung von Dorothy Miller erhält jeder Künstler seinen eigenen Raum zugeteilt. Still wählt sieben seiner Gemälde für die Schau aus und legt die folgende Erklärung für den Katalog vor:

Daß auf Leinwand aufgetragene Farbpigmente die Eigenschaft besitzen, bei den meisten Menschen konventionelle Reaktionen auszulösen, bedarf keiner besonderen Erwähnung. Hinter diesen Reaktionen steht ein Korpus geschichtlich überkommener Ausdrucksformen, die sich zu einem Dogma, einer Autorität, einer Tradition entwickelt und verfestigt haben. Die totalitäre Hegemonie dieser Tradition verachte ich, ihre Anmaßungen weise ich zurück. Ihre Sicherheit ist eine Illusion, banal und feige. Ihre Inhalte bestehen aus Staub und Akten. Die Huldigung, die man ihr entgegenbringt, ist eine Totenfeier. Jeder von uns trägt die Bürde dieser Tradition auf dem Rücken, aber ich kann es nicht als Privileg ansehen, in ihrem Namen zum Totengräber meines Geistes zu werden.

Seit Urzeiten hat man vom Künstler erwartet, daß er die Wertvorstellungen seiner Zeitgenossen verewigt. Was sich davon bis heute erhalten hat und auf uns gekommen ist, besteht hauptsächlich aus Zeugnissen der Enttäuschung, des Sadismus, des Aberglaubens und des Willens zur Macht. Was an Großartigkeit des Lebens in diese Bildinhalte eingeflossen ist, kam aus Quellen, die es noch zu erschließen und zu verstehen gilt. Und die Tempel der Kunst, die heute das Bild fast jeder größeren Stadt belasten, sind ein Tribut an das Bestreben, diese flüchtige Qualität zu fassen und niederzuwalzen.

Die furchtsamen Menschen schöpfen Trost aus der Verwirrung der Künstler, die bereit sind, an ihrer Seite zu gehen. Aber die Werte, die hier im Spiel sind, lassen keinen Frieden zu, und wenn sich herausstellt, daß sich die Rettung nicht erkaufen läßt, entsteht tiefer gegenseitiger Groll.

Wir haben uns jetzt dem kompromißlosen Handeln verschrieben. Wir sind nicht mehr bereit, überlebte Mythen zu illustrieren oder uns mit zeitgenössischen Themen ein Alibi zu verschaffen. Der Künstler muß die totale Verantwortung für das, was er schafft, übernehmen. Dabei wird seine Größe von der Tiefgründigkeit seiner Innenschau und der Kühnheit abhängen, die er bei der Umsetzung seiner eigenen Vision beweist.

Die Forderungen nach Kommunikation sind ebenso anmaßend wie irrelevant. Der Betrachter entnimmt im allgemeinen einem Kunstwerk das, was er vorher hineingelegt hat, was ihn seine Ängste, Hoffnungen und Erkenntnisse zu sehen lehren. Wenn er sich diesen Zwängen entziehen kann, die ihm ja nur ein Spiegelbild seiner selbst zurückwerfen, dann kann er vielleicht etwas von dem inneren geistigen Gehalt des Werkes spüren. Aber was auch immer der Betrachter tatsächlich sieht oder empfindet, er sollte sich stets bewußt sein, daß diese Gemälde für mich etwas anderes sein mußten. Das ist der Preis, den der Künstler für die Klarheit seiner Aussage zahlen muß, wenn seine Bildmittel allgemein nur als Instrumente der Verführung oder des Angriffs gewertet werden.

1952 – Juni bis August. Still verbringt diese Monate in San Francisco. Er schafft dort eine Reihe von Ölgemälden auf Leinwand und Papier, die er bis auf eines alle in seiner eigenen Sammlung behält. Das Bild, von dem er sich trennt, **Summer 1952** (PH-84), wird im Jahr 1975 in die Schenkung des Künstlers an das San Francisco Museum of Modern Art eingeschlossen.

1954 – Januar bis August. Still unternimmt Reisen im Westen Amerikas und legt Arbeitsaufenthalte in San Francisco und Tucson ein. Die folgenden Zitate sind Auszüge aus Briefen, die er in dieser Zeit schreibt.

1954 – 7. März. Aus einem Brief an Sidney Janis:

... die Kräfte, die ich entwickle und nach außen projiziere, können vielen Zwecken dienen. Mir ist vor allem daran gelegen, daß sie sich nicht in einem Maße gegen mich richten, das mich daran hindern würde, ihre Intensität und Klarheit weiter zu entfalten, oder das mich zum Opfer der Spannungen und Komplexe machen würde, von denen so viele andere vorwärtsgepeitscht oder festgehalten werden. Denn ob ein Mann kraft seiner geistigen Erkenntnis und seiner inneren Stärke durchs Leben geht oder ob er sich mühsam durch die Zwänge seiner Zeit schleppt und sich ihren Forderungen beugt, das bestimmt sein geistiges Format. Im wesentlichen ist das eine Frage der Vision. Das einzige Problem liegt darin, ob sie klar bleibt und nicht durch die Wirrsal von Zeit, Ort und Tradition getrübt wird.

1954 – Juni. Aus einem Brief an Dorothy und Ed Cahill:

Dein Buch, Eddie, war für mich eine außerordentlich interessante Erfahrung. Es ist schwierig, von so vielem in kurzen und spärlichen Sätzen zu sprechen, ohne die berechtigten Einwände des Autors auf sich herabzuziehen. Wenn wir uns das nächste Mal sehen, mußt Du mir mehr darüber berichten. Diese Zeilen sollen Dir nur sagen, daß Du meiner Meinung nach tief in den Geist dieser Orte und Völker eingedrungen bist. Du hast das so tief empfunden und greifbar lebendig zum Ausdruck gebracht, daß ich glaubte, selbst mit Dir dort zu sein. Darf ich Dir sagen, daß ich darüber hinaus, jenseits all dessen, was uns zutiefst fremd ist, das Gefühl einer großen Einsamkeit empfand, die das Land und seine schwer bedrückten Menschen erfüllt? In vielen Kapiteln drängte sich mir der Bezug zum Unendlichen auf – zur Unendlichkeit der Zeit, der Zahlen, des Raums oder der zeitgeschichtlichen Konzentration seiner Energien. Der Sog dieses unendlichen Strömens hielt mich unentrinnbar in seinem Bann – und gleichzeitig löste er doch eine Revolte meines Willens, meines einzelnen isolierten Geistes, aus. Dieser Protest richtet sich nicht gegen Dich, sondern ist als Tribut an die Überzeugungskraft Deiner Beschreibungen zu verstehen – ich will nun einmal meine Identität nicht für die Geborgenheit des historischen Mythos oder des kollektiven Fließens aufgeben. Ich weiß wohl, das ist absurd und auch zwecklos. Schrei des Kindes, das im Mutterleib mit den Füßen strampelt, Schrei eines Wahnsinnigen, der die Berge herausfordert. Aber irgendwo in einem Riß, der sich zwischen dem Schicksal und dem kategorischen Imperativ auftut, erhebt sich die Hand oder der Wille oder der Schrei eines Menschen. Und in diesem Augenblick wird das geboren, wovon ich nicht lassen will – das, was Dir den Mut und den Willen eingab, dieses Buch zu schreiben, und mir, meine Visionen auf die Leinwand zu setzen, in dem Bewußtsein, daß der nächste Versuch scharfsichtiger ausfallen wird, die Bedeutung klarer, die Vision lichter und freier. Und so weiter zum nächsten und übernächsten... eine erschreckende Unendlichkeit, nicht wahr? Mehr die ›des Lebens‹ als des Symbols. Mehr die Vertikale als die Horizontale, die einzelne Projektion statt der Polaritäten, das Hochschießen der Flamme statt des vibrierenden Schwingens der Welle. Wie alle Vergleiche im Grunde absurd, aber vielleicht scheinen doch einige der tieferen Bedeutungen und ihrer Verflechtungen in der parabelhaften Umschreibung auf. Du hast mich auf eine Reise in ein fernes Land mitgenommen, zu Menschen mit einem Erbe, das sich von dem unseren unterscheidet. Ich kehrte mit Dir zurück, und mein Blick war geschärft für meine eigenen merkwürdigen Vorgehensweisen, aber meine Überzeugung war nur noch sicherer geworden, daß man seinen eigenen Weg einschlagen und seine eigene Vision finden oder untergehen muß. In der Art, ›wie er geht‹, ist der Mensch. Es ist nicht wichtig, daß wir alle sterben müssen. Wenn ich auch nicht die mathematischen Gleichungen akzeptieren kann, die das Symbol des westlichen Menschen sind, wenn ich auch nicht im kulturellen Bauch des Ostens Zuflucht nehmen kann, so fügt doch Dein

14 Diane Still mit zwei Gemälden ihres Vaters, Clyfford Still, **Summer 1955** und **1955-K No. 2** (zerstört), in East Hampton, Long Island, Sommer 1955 (Photo Sandra Still)

Buch seine Erfahrungen und die Klarheit seiner Sicht dem hinzu, was ich aus eigenem besitze. Darum danke ich Dir und hoffe, daß Du aus einigen meiner Werke vergleichbare Ermutigung und Erkenntnis schöpfen konntest.

1954 – Juni. Aus einem Brief an seine Frau Patricia:

Die Motive meiner Epoche bedrücken mich. Wie ich sehe, ist soeben eine kritische Würdigung Nietzsches herausgekommen; wieder einmal von einem dieser Leute verfaßt, die ihn ›erklären‹ wollen. Wahrscheinlich auf dieselbe Art und Weise, wie Frye Blake interpretierte. Mit dem Ergebnis, daß nun niemand mehr Blake zu lesen braucht. Nimm Fryes Buch, und Du kannst auf Blake verzichten, denn Du bekommst ihn ja erklärt. So leistet der Wissenschaftler seinen Beitrag zu der erdrückenden Flut mörderischen Wissensstoffs, und der Schöpfer des Kunstwerks wird ersetzt durch den Pedanten. Sein gesamtes Schaffen wird negiert oder vor denjenigen verborgen, die den Drang verspüren könnten, es kennenzulernen. Wer den Suchenden und Fragenden nicht zum Originalwerk schickt, ist ein Dieb, ein Lügner, ein Betrüger, ein mörderischer Schurke.

Im August 1954 kehrt Still nach New York zurück und mietet sich ein Atelier in der 131 West 23rd Street, danach zieht er bis 1961 in ein Studio in der 128 West 23rd Street. 1956 – 11. Februar. Ein Auszug aus Stills Tagebuchnotizen:

Ruhig. Habe vier Leinwände aufgespannt und bin völlig erschöpft. Ein großes freies Gefühl der Freude durchströmt mich, wenn ich arbeite. Nur werden die Konzeptionen zu schnell geboren. Und mit festen Pinselstrichen und einigen Spachtelhieben empfangen die wunderschönen weißen Felder ihre Farbe, und das Werk ist in wenigen Minuten vollendet. So wie Belmonte das Muster seiner Existenz webt, indem er sich von den kraftvollen Stieren umwirbeln läßt, scheine ich eine vergleichbare Ekstase zu erreichen, wenn ich das flammende Leben auf diesen großen empfänglichen Leinwänden entstehen lasse. Und wie die Blau- oder Rot- oder Schwarztöne in ihrer zarten Umgebung springen und beben oder in harten Stößen emporsteigen, um ihre Kraft unendlich weit über die Grenzen des Bildfeldes hinaus zu tragen, bewege ich mich mit ihnen und finde eine Auferstehung aus der todesschwangeren Beklemmung, die mich nur Stunden zuvor beherrschte. Nur sind sie zu schnell abgeschlossen, und ich muß schnell zu einem anderen übergehen, damit diese Stimmung lebendig und von der Mühsal unbelastet bleibt, die ich, wie mir meine puritanischen Reflexe zu verstehen geben, als Preis für meine Freude werde zahlen müssen. Aber die vier Leinwände, jede von ihnen fast zehn Fuß (3 m) hoch, werden nun, da ich mich ihnen verschrieben und verpflichtet habe, in Angriff genommen. Wenn nur jetzt keine bedrängenden Anfechtungen auftreten, die ihre Reinheit in Frage stellen oder ihre Freiheit mit dem trivialen Vorgehen beeinträchtigen könnten, das gemeinhin Malkunst genannt wird.

In den sieben Jahren zwischen 1952 und 1959 hat Still keine öffentlichen Ausstellungen. Um mit innerer Ruhe weiterarbeiten zu können, hält er es in dieser Zeit für notwendig, viele Kaufwillige abzuweisen, sich keinen Galerien zu verpflichten und auch öffentliche Ausstellungen seiner Werke zu verweigern. Gerade in dieser Periode wird er mindestens viermal zur Teilnahme an der Biennale in Venedig sowie zu Ausstellungen in bedeutenden europäischen Museen und Galerien aufgefordert.

1959 – 5. November bis 13. Dezember. Einzelausstellung in Form einer Retrospektive in der Albright Art Gallery der Buffalo Fine Arts Academy, in Buffalo, N.Y. (Abb. 15). Still wählt hierfür 72 Gemälde aus. Ein kleiner Katalog mit vier Farbreproduktionen und 34 Schwarz-Weiß-Abbildungen wird gedruckt. In seinem Vorwort zum Katalog schreibt der Museumsdirektor Gordon Smith:

> In den letzten zehn oder fünfzehn Jahren ist die zeitgenössische amerikanische Malerei als eine bedeutende Kraft innerhalb der Weltkunst anerkannt worden. Kein Künstler war für diese Entwicklung von prägenderem Einfluß als Clyfford Still. Bislang ist es recht schwierig gewesen, eine größere Anzahl seiner Bilder in einer Zusammenschau zu sehen. Nur acht Ausstellungen sind der hier veranstalteten vorausgegangen: drei in San Francisco und fünf in New York...
>
> Ein einziges Gemälde von Still betrachten und studieren zu können, ist ein Erlebnis, aber eine Reihe seiner Bilder im Überblick sehen zu dürfen, eine Offenbarung. Die volle Ausdruckskraft seiner Bildschöpfungen und die überwältigende Macht seiner Aussagen erschließen sich dem Betrachter noch eindringlicher, wenn die Gemälde als Ensemble ausgestellt werden.
>
> Die hier präsentierte Ausstellung, die 72 Gemälde aus der Zeit von 1936 bis 1957 beinhaltet, bietet zum ersten Mal ein vollständiges Spektrum von Clyfford Stills Schaffen. Die Albright Art Gallery ist stolz darauf, das Werk eines der Schrittmacher der zeitgenössischen amerikanischen Malerei in einer Einzelausstellung präsentieren zu können.

Ein Brief Clyfford Stills an Gordon Smith wird dem Katalog als Geleitwort vorangestellt:

> 1. Januar 1959
>
> Lieber Gordon Smith,
>
> Ihr Vorschlag, ich solle einige Bemerkungen für den Katalog dieser Gemäldesammlung zu Papier bringen, hat bei mir das gleiche Interesse und die gleichen Einwände hervorgerufen wie damals, als die Ausstellung zum ersten Mal ins Auge gefaßt wurde. Wir haben uns auf das offenkundige Paradoxon eingelassen, dieses künstlerische Werk in einer Institution zu präsentieren, deren ganze Bedeutung und Funktion gezwungenermaßen in eine andere Richtung weisen als sie in meinen Bildern – und meinem Leben – zum Ausdruck kommt. Meiner Meinung nach wird das Paradoxon auf diese Weise nicht gelöst, sondern zeigt sich in verschärfter und klarerer Form. Meine Verantwortung gegenüber dem geschaffenen Werk wurde niemals von Fragen der Ästhetik oder der öffentlichen oder privaten Akzeptanz

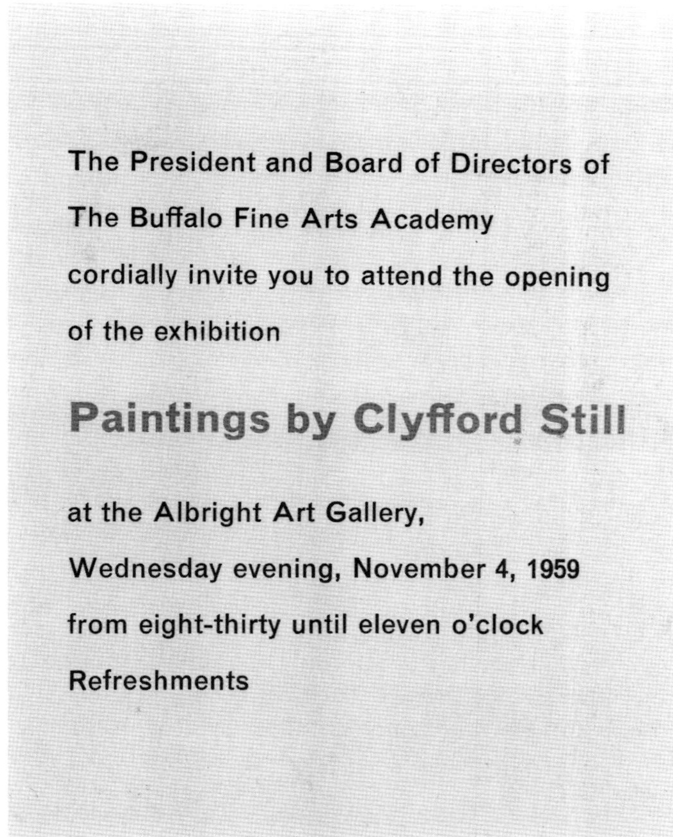
The President and Board of Directors of
The Buffalo Fine Arts Academy
cordially invite you to attend the opening
of the exhibition

**Paintings by Clyfford Still**

at the Albright Art Gallery,
Wednesday evening, November 4, 1959
from eight-thirty until eleven o'clock
Refreshments

15 Einladung zur Eröffnung der Ausstellung ›Paintings by Clyfford Still‹ in der Albright Art Gallery, Buffalo, am 4. November 1959

> bestimmt. Vielmehr war es meine Hoffnung, das Keimen und die Entwicklung geistiger Ideen und Visionen in Erscheinung treten zu lassen, ohne die jede Kunst nur eine Übung in Konformität mit wechselnden Modetrends und stammesmäßig gebundener Ethik wird. An dieser Stelle scheint mir ein kurzer Rückblick vonnöten:
>
> Die wenigen Wegrichtungen, die sich unserem suchenden Blick während der zwanziger Jahre boten – seien es vergangene Kulturen oder unsere eigenen wissenschaftlichen, ästhetischen oder sozialen Mythen –, zeigten uns in aller Deutlichkeit, daß sie im Reich der Erkenntnis oder der Phantasie kaum Beiträge von einigem Wert liefern konnten. Auch diejenigen Künstler, die aus Schwäche, oder weil sie nach Machtpositionen strebten, zur Alten Welt zurückblickten und dort nach Mitteln suchten, ihre Autorität auf unsere neuere Welt auszuweiten, hatten die Vernebelung nur noch verdichtet, statt sie aufzulösen oder zu lichten. Schon durch Moralisten und Utilitaristen in die Niederungen nationaler Folklore und synthetischer Traditionen gezogen, waren wir für die neue Interpretation von Motiv und Bedeutung im mechanistischen Sinn besonders anfällig.
>
> Es folgte eine verwirrende, orientierungslose Zeit. Selbsternannte Wortführer und Intellektuelle mit dem typischen Drang der Unreifen zu einer Führungsrolle beschworen alle erdenklichen Ersatzgötter und hängten sie uns mit zwingendem und sadistischem Eifer wie Mühlsteine um den Hals: Hegel, Kierkegaard, Cézanne, Freud, Picasso, Kandinsky, Platon, Marx, Thomas von Aquin, Spengler, Einstein, Bell,

Croce, Monet – die monotone Aufzählung ließe sich ins Endlose verlängern. Aber jener Gipfel an Ironie – die Armory Show von 1913 – hatte uns sämtliche sterilen Folgerungen der westeuropäischen Dekadenz gleichzeitig übergestülpt. Fast ein Vierteljahrhundert lang tasteten wir uns stolpernd durch das Alptraumhafte ihrer labyrinthischen Irrwege. Und dennoch werden ihre Banalitäten und Trivialitäten immer noch von vielen willkommen geheißen und kultiviert, denen die Aura des Todes mehr Sicherheit zu verheißen scheint als ihre eigenen Schwächen und Ängste. Niemandem war es erlaubt, sich ihren fatalistischen Ritualen zu entziehen – ich freilich weigerte mich dennoch, ihre Prinzipien anzunehmen.

Es besteht in unserer Gesellschaft ein weitreichender Konsens darüber, dem kollektivistischen Prinzip rationaler Logik, das unserer Kultur zugrunde liegt, zu huldigen, sich ihm unterzuordnen oder diese Haltungen zu billigen. Sich diesem Konsens anzuschließen, muß ich mit intellektuellem Selbstmord gleichsetzen. Die Allesfresser-Mentalität des totalitären Bewußtseins verlangt dagegen von jedem, der dieser Vereinnahmung zu entfliehen sucht, unerbittliche Zielstrebigkeit und ein subtiles Erkenntnisvermögen.

Semantisch und ethisch ist die künstlerische Korruption vollkommen. Die Beschäftigung mit Beleuchtungskörpern wird mit spiritueller Erleuchtung gleichgesetzt. Die Gesetze des Euklid werden öffentlich verdammt, um Arbeiten Vorschub zu leisten, die eine autoritäre Dialektik illustrieren. Geist- und witzlose Parodien werden als Kronzeugen eines sozial orientierten künstlerischen Engagements vorgeführt und dingliche Zusammenstellungen als Beweis des Zugangs zu transzendenten Mysterien präsentiert. Die Hast, mit der im Namen der Ästhetik oder der ›Malkunst‹ eine Bildwelt verraten wird, die als Reaktion auf die soziopsychologischen Fallgruben und Irrtümer entstanden ist, gerät zu einem populären, aber unheilvollen Gradmesser ihrer Macht.

Es gibt kaum Verbrechen, die die alte Vettel namens Kunst nicht mit ihrem Mäntelchen zudeckte. In ihrem Namen stehen selbst das weinerliche Gewinsel und die Unverschämtheiten der Korrupten bei den Arroganten und Überheblichen – zu deren eigener Beruhigung – hoch im Kurs. In der Tat trägt man in den Reihen der ehrgeizigen Ästheten, bildenden Künstler, Architekten und Schriftsteller leicht an der Bürde unseres Erbes, aber diese Tragfähigkeit gründet hauptsächlich auf Haß und Zynismus. Impertinenz und Sterilität, die auf die Gleichgültigen eine solch hypnotische Faszination ausüben, sind ein trübes, unerquickliches Surrogat für Verantwortungsgefühl und Aufrichtigkeit.

Ich hielt es für zwingend erforderlich, ein geistiges Instrument zu entwickeln, mit dessen Hilfe sich all die kulturellen Betäubungsmittel, seien es gegenwärtige oder vergangene, hinwegfegen ließen, um das Entstehen einer unmittelbaren und wahrhaft befreiten Vision und die Herausbildung klarer Ideen zu ermöglichen.

* * *

Um mir ein derartiges Instrument zu erwerben – eines, das die konventionellen Techniken und Symbole transzendieren und doch als Stütze und kritische Instanz des Denkens dienen konnte –, war eine vollständige Abkehr von Vergangenheit und Gegenwart mit seiner Hilfe erforderlich. Also kein Geschrei über Individualismus, kein Herumspringen vor einer Leinwandfläche, keine Manipulation akademischer Begriffe oder technischer Fetische – all dies kann nicht wirklich befreien. Diese Vorgehensweisen machen nur die Wiederholung unvermeidlich und führen zum Betrug.

Daher erwies es sich als notwendig, den oberflächlichen Wert des Stofflichen zurückzuweisen – seine Eigenschaften, seine Spannungen und die mit ihm verbundene Ethik. Vor allem erwies es sich als nötig, sich aus der Gefangenschaft der Konzepte von Zeit und Raum wie auch von der Morbidität des ›objektiven Standpunkts‹ zu befreien. Ebensowenig durfte ich zulassen, daß die eigene künstlerische Kühnheit durch autoritäre Einrichtungen sozialer Kontrolle pervertiert wurde.

Es war eine Reise, die man unternehmen muß, allein, zu Fuß und immer geradeaus. Ruhepausen oder Abkürzungen waren nicht erlaubt. Und mit aller Willenskraft mußte man sich gegen jede Herausforderung behaupten, gegen jeden Triumph wie jeden Fehlschlag oder gegen die Lobpreisungen, die der Jahrmarkt der Eitelkeiten zu bieten hat. Bis man die finsteren und verwüsteten Täler durchquert und endlich klare Luft erreicht hatte und auf einer grenzenlosen Hochebene stehen konnte. Die Imagination, nicht länger durch die Gesetze der Furcht gehemmt, und die Vision wurden wie eins. Und der Malakt, intrinsisch und absolut, war ihre Bedeutung und der Träger ihrer Leidenschaft.

Das künstlerische Werk selbst, ob man es nun als Verbildlichung einer Idee, als Enthüllung oder als Manifestation einer Bedeutung versteht, hätte nicht ohne den Willen, für die Dauer eines Menschenlebens einen Zweck jenseits von Eitelkeit, Ehrgeiz oder Erinnerung zu erfüllen, entstehen können. Doch dem Betrachter dieses meines Werkes möchte ich noch eine Warnung mit auf den Weg geben, damit er in der Fülle der Fragen nicht meine geistige Verwandtschaft mit denjenigen vergessen möge, die ›Augen‹ haben. In diesem Zusammenhang erscheint mir die folgende Metapher William Blakes passend – wenn sie sich ursprünglich auch auf einen anderen Kontext und Zweck bezog:

> Die Vision Christi, die du siehst erscheinen,
> Ist der größte Feind der meinen:
> Die deine läßt sich als Freund der Menschheit finden,
> Die meine spricht in Parabeln zu den Blinden.

Möge kein Mensch die tiefere Bedeutung dieses Werks oder seine lebenspendende Kraft unterschätzen – oder seine todbringende, falls es mißbraucht wird.

Obwohl bedeutende Teile meines Schaffens nicht ausgestellt werden können, glaube ich, daß das Gezeigte das Interesse und die Mühe rechtfertigen wird, die Sie so großherzig dafür eingesetzt haben.

Herzlich
Clyfford Still

## 1960 – Aus einem Brief an Dr. Edgar Berman:

Ich möchte noch etwas über das Gemälde anmerken, das Sie besitzen **[1956-No.1**, (PH-981), 264 x 236 cm], und zwar

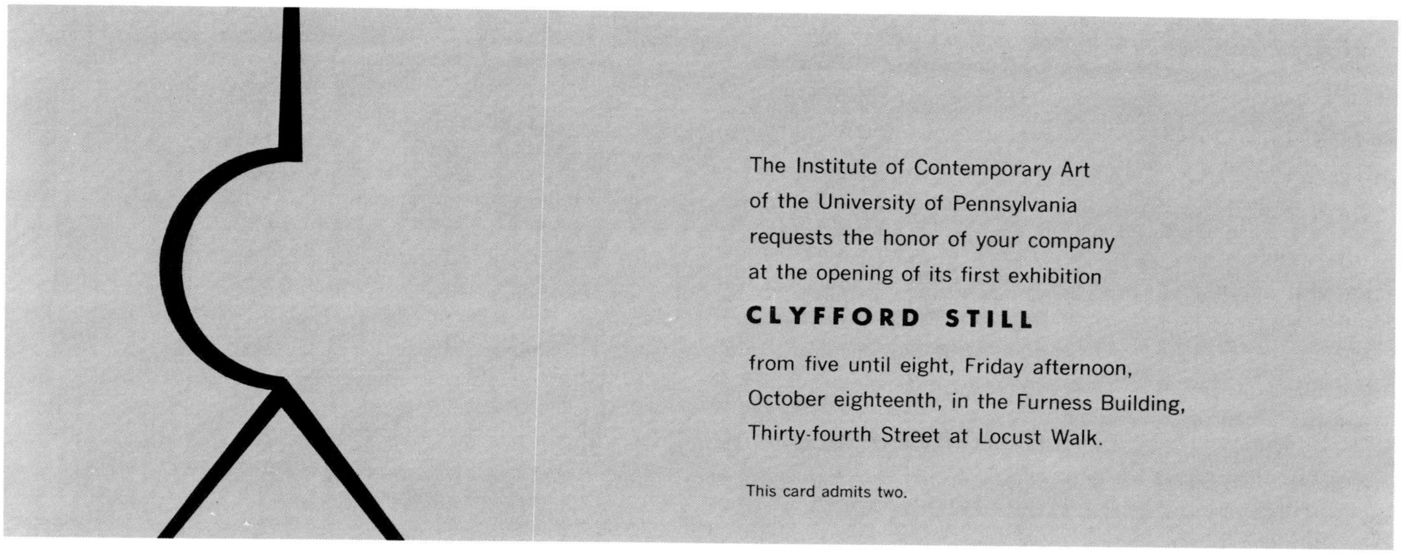


16 Einladung zur Ausstellung ›Clyfford Still‹ anläßlich der Eröffnung des Institute of Contemporary Art an der University of Pennsylvania, Philadelphia, am 18. Oktober 1963

hinsichtlich der von mir für Sie getroffenen Wahl. Dieser Hinweis soll sie einfach meiner ursprünglichen Absicht bei der Auswahl versichern und den tieferen Sinn erklären, der dieser für Sie getroffenen Wahl zugrunde liegt. Ich weiß, daß die Kräfte dieses Bildes unendlich weit über den Bildraum hinausgreifen, daß seine geistige Erregung ohne falsches Pathos oder Aggression ist und daß es Mut wie Freiheit ohne Arroganz und Verzweiflung ausstrahlt. Denn Gott weiß, ich bin all der Eitelkeit und geistigen Qual müde, die ich gesehen und erlebt habe und die Salomon so unübertroffen im Alten Testament niedergelegt hat. Und nirgendwo wuchern diese Pflanzen üppiger, erkennbarer und prophetischer als in der überspannten Welt der Kunst.

1960 – Still lehrt während des Sommersemesters als Gastkünstler an der University of Colorado in Boulder, Colorado. Er schreibt in einem Antwortbrief an einen Freund, der ihn gebeten hat, an einer seiner Unterrichtsstunden teilnehmen zu dürfen:

Mein ›Malunterricht‹ besteht aus Gesprächen mit dem Maler, nachdem dieser sein Werk ausgeführt hat. Bei mir kann man einfach nicht an einer Unterrichtsstunde teilnehmen, denn es gibt keine Klasse im konventionellen Sinn. Die persönlichen Unterhaltungen zielen darauf ab, dem Maler die Augen für das zu öffnen, was er getan hat, und im Rahmen seiner individuellen Fähigkeiten eine angemessene Grundlage zu seinem weiteren Schaffen und seiner gedanklichen Klärung zu legen. Ich habe festgestellt, daß heute fast niemand mehr über den oberflächlichen Gehalt der zeitgenössischen Gemälde hinauskommt – den wahren Inhalt kann kaum jemand mehr lesen –, so vollkommen haben der Journalismus, die Werbung und die Ästhetik sowohl die Voraussetzungen als auch die Schlußfolgerungen verunklart. Es ist in dem Bemühen, etwas Ehrlichkeit in eine verwirrte – sogar unsaubere – Situation zu bringen, wenn ich mir die Aufgabe zudiktiere, offen zu sprechen. Man mag es nennen, wie man will – für mich ist dieser Akt ein Kehrbesen, eine Lanze, eine Bloßlegung und Entlarvung ästhetischer und semantischer Verwirrung oder Korruption.

1961 – Juli. Still zieht von New York nach Maryland, wo er eine Farm mit 22 Morgen Land in Carroll County bei Westminster kauft. Er verbringt den Rest des Sommers damit, einige der alten Gebäude in ein Atelier umzuwandeln.

1962 – 27. November. Still wird zum Ehrenmitglied der Buffalo Fine Arts Academy in Buffalo, N.Y., gewählt.

1963 – 18. Oktober bis 15. Dezember. Einzelausstellung aus Anlaß der Einweihung des Institute of Contemporary Art der University of Pennsylvania in Philadelphia (Abb. 16). Im August vor dieser Ausstellung schreibt Still:

Was die Ausstellung betrifft, die in diesem Herbst in Philadelphia stattfindet, so möchte ich vorsorglich darauf hinweisen, daß sie nur aus einem Drittel der (1959) in Buffalo gezeigten Bilder besteht. Auch wird aufgrund der improvisierten Hängung – in Korridoren und einem kleinen Raum neben dem Lesesaal einer Bibliothek – der Gesamteindruck im Vergleich zu der Ausstellung im Albright Museum von beinahe entgegengesetzter Wirkung sein. Dennoch sollten diejenigen, die die wenigen Bilder studieren wollen, die Möglichkeit haben, sie zu sehen ...

Ich habe mein Leben dem Bemühen geweiht, meine Anschauung von Freiheit weiterzugeben. Daher erscheint es mir von nicht geringer Bedeutung und durchaus angemessen, wenn eine Reihe meiner Werke in der Stadt ausgestellt wird, in der vor fast zweihundert Jahren eine Handvoll Männer diesem Land einen schlagenden Beweis ihres Mutes und ihrer Prinzipientreue jenseits allen Nützlichkeitsdenkens gegeben hat. So stellt diese Schau in einem kleinen Gebäude auf der Oase eines Universitäts-Campus eine persönliche Huldigung an diese Männer dar und bestätigt, wie ich glaube, daß in diesen Zeiten, da selbstsüchtige Kompromisse mit Zynismus und Betrug an der Tagesordnung sind, ihr Werk nicht völlig umsonst war, sondern weiterlebt.

Es folgen nun Auszüge aus dem von Ti-Grace Sharpless verfaßten Vorwort für den Katalog der Ausstellung am Institute of Contemporary Art:

Er [Still] sagte, er verlasse New York »nicht, um wegzulaufen oder meine Perspektive aufzugeben oder zu wechseln. Es war eine positive Geste, um meine Arbeit auf der Ebene fortzuführen, die ich von mir fordere. An der Außenwelt bin ich nicht interessiert; wenn sie zu bedrängend wird, ziehe ich mich von ihr zurück. Ich brauche Zeit und einen Platz zum Arbeiten, ohne Ablenkungen durch die Arroganten und Ehrgeizigen. Für mich sind alle Orte nur zeitweilige Aufenthalte. Ich habe mir eine eigene Welt der Freiheit geschaffen. In ihr leiste ich die Arbeit, von der ich meine, daß sie für mich am wichtigsten ist.«

»Die Werke müssen zusammenbleiben, wenn die ihnen zugrunde liegende Idee deutlich hervortreten soll. Einzeln, als Pioniere genommen, sind die Bilder jeweils vollständig und abgeschlossen, aber in einer Gruppenausstellung herrscht das kollektive rationale Prinzip vor, so daß meine Bildschöpfungen und ihre Kräfte zu Werkzeugen der Autorität und der Ausbeutung werden. Wenn ich ein einzelnes Werk aus meiner Obhut entlasse, schärfe ich dem Menschen, der es in Besitz nimmt, die Verantwortung ein, die ich für den Bedeutungsgehalt und die bildnerischen Mittel des Werkes empfinde. Einige haben meine Bitte um Verantwortlichkeit honoriert, andere – nun ja, die Anmaßung mancher Sammler ist einfach unglaublich. Sehr menschlich – so nennt man das wohl.«

Nach Stills Schilderung seiner Entwicklung boten sich ihm die Instrumente seiner Kunst auf natürliche Weise dar. »Ein Mann muß sich in der Kunst oder Wissenschaft betätigen, die er am besten kennt. Nur wenn er um ihre Grenzen und Ausdehnungen weiß, ist es ihm überhaupt möglich, seinen Weg aus ihren Irrtümern und Verführungen zu finden.« Und ein Weg heraus, das war es, was nach Stills Empfinden notwendig war. Ein Weg heraus aus der französischen Tradition, aus der ästhetischen ›Qualitäts‹-Nische, aus den Ordnungszwängen der zeitgenössischen Welt. Ein Weg heraus aus der ›Kunst‹, in ihrer von den Dadaisten höhnisch zerfetzten, vom Bauhaus formal stilisierten Form; heraus aus den sozial orientierten literarischen Spielereien.

Still fühlte, daß er sich seinem eigenen Inneren zuwenden müsse, daß »die Malerei eines Mannes eine Erweiterung seiner selbst, seines Blutes sein muß, eine Gegenüberstellung mit sich selbst. Nur so läßt sich ein gültiges Instrument individueller Freiheit schaffen.«

Still befreite seine Leinwände von ihren Begrenzungen. »Es war unerträglich, von einem Rahmen aufgehalten zu werden: ein euklidisches Gefängnis. Es mußte niedergerissen, seine autoritären Implikationen mußten zurückgewiesen werden, ohne die eigene Integrität und Idee in Material und Manierismus aufzulösen.«

Ich bat ihn, ›Freiheit‹ zu definieren. Er erwiderte, daß er sie nicht zu definieren pflege, sondern daß sie ein ›Recht‹ des Menschen darstelle. »Niemand und nichts gibt einem Menschen wirkliche Freiheit, erlaubt ihm, wirklich frei zu sein. Freiheit ist wahrscheinlich die einzige grundlegende Verpflichtung des Menschen, weil sie im Tiefsten mit seiner Verantwortung als Mensch und mit der Selbstdisziplin verbunden ist, die er haben muß, um seine höchstmöglichen Fähigkeiten zu verwirklichen.«

Ich bat Still, mehr über seine Arbeit zu erzählen und zitiere hier Aussprüche, die ich einer sich über mehrere Tage erstreckenden Unterhaltung verdanke.

»Ich spreche über meine Arbeit in indirekter Form und nur, um einen Weg zu ihr freizumachen.«

»Meine Arbeit ist weder Protest noch Selbstrechtfertigung. Ich habe nicht genügend Angst, um meine Energie auf den Protest zu verschwenden, noch besitze ich die nötige Selbstverachtung, um Trost in der Rechtfertigung zu finden.«

»Ich fühlte die Notwendigkeit, völlig neue Konzepte (von Form, Raum und Malerei) zu entwickeln und sie innerhalb eines Systems zu postulieren, das die dialektischen Perversionen auf Dauer abzuschütteln vermochte. Kubismus und Expressionismus, die beiden dominierenden unter ihnen, spiegelten in ihrer Grundhaltung lediglich die Macht oder die spirituelle Erniedrigung des Individuums.«

»Seit 1941 hatten sich Raum und Figur in meinen Leinwänden zu einer totalen psychischen Einheit verbunden, die mich von den Beschränkungen beider befreite und sie gleichzeitig zu einem System verschmolz, das nur an die Grenzen meiner Energie und Intuition gebunden ist. Von nun an erfüllte mich ein Gefühl absoluter und unendlich belebender Freiheit. Ab Mitte der dreißiger Jahre habe ich offen zu anderen Künstlern, Studenten und Freunden von New York bis San Francisco, von Washington bis Virginia, über diese Dinge gesprochen. Die Eigenständigkeit und Intensität meiner folgenden Werke und das Interesse, das sie erregten, waren für mich ein zusätzlicher Beweis für die Richtigkeit meines Standpunktes und meiner Ziele. Gewiß gab es auch Einbrüche und Verzögerungen, weil ich manchmal erschöpft war, keine Zeit hatte, mich wiederholte oder abgelenkt wurde – aber im allgemeinen waren sie nur von kurzer Dauer.«

»Mir fehlt das Interesse, meine eigene Epoche zu illustrieren. Die ›Zeit‹ eines Menschen erlegt ihm Beschränkungen auf, sie befreit ihn nicht wirklich. Unsere Zeit – die Epoche der Mechanisierung, die Epoche der Wissenschaft – ist das Zeitalter der Macht und des Todes. Ich sehe keinen Sinn darin, ihrer Mammut-Arroganz das Kompliment einer graphischen Huldigung hinzuzufügen.«

»Ich halte nichts von Zeichen, Symbolen oder literarischen Anspielungen in der Malerei. Sie sind nur Krücken der Illustratoren und Politiker für ihr Publikum.«

»Das Erhabene? Seit meinen frühesten Studententagen hat es in meinen Studien und in meiner Arbeit eine alles überragende Rolle gespielt. Es läßt sich aber in seinem Wesen kaum fassen oder definieren – nur eines kann man mit Sicherheit sagen: Es läßt sich dort am wenigsten finden, wo am meisten darüber geschwatzt wird. Die Diktator-Typen haben durch die Jahrhunderte ein Klischee ›sublimer‹ Bild-Vorstellungen fabriziert, um die Unwissenden und Verzweifelten zu beeindrucken und zu unterdrücken.«

»Natürlich handelt es sich nicht nur um das Malen an sich; das ist eine der Fallgruben, aus denen ich dieses System befreien mußte.«

»Die Künstler unseres Madison Avenue Bauhauses und die verbündeten Armeen der Industrie verstehen sich auf die systematische Ordnung. Mögen sie uns ständig an die Torheit einer Maginot-Moral erinnern.«

»Anthony Louvis schrieb über mein Werk, daß es ihm große Freude bereite. Ich freue mich, daß er es auf diese Weise empfand. Ich bin in bezug auf die Dinge, die ich als wichtig empfinde, ein ernsthafter Mensch. Vielleicht steckt in jeder echten Freude Ernsthaftigkeit.«

1964 – Mai. Offizielle Überreichung von 31 Gemälden Clyfford Stills als Schenkung an die Albright-Knox Art Gallery. Bei der Übergabe gibt Still die folgende Erklärung ab:

Mr. Seymour Knox und Mr. Gordon Smith hatten den Mut, sich für eine Ausstellung zu engagieren, die der Entwicklung eines einzelnen Künstlers galt – der grundlegenden Idee und der Erhellung seines Werkes –, statt sich dem heute geübten Museumsbrauch der vereinfachenden Einverleibung und Vereinnahmung zu beugen. Mit meiner Schenkung dieser Gemälde an die Galerie möchte ich meine Wertschätzung für diese Haltung zum Ausdruck bringen. Ich bin sicher, daß nun denjenigen, die Augen haben, eine bessere Möglichkeit geboten wird, das Ziel und die Botschaft meines Schaffens zu erkennen.

1966 – 24. Februar. Der Katalog mit dem Titel ›Clyfford Still: Thirty-Three Paintings at the Albright-Knox Art Gallery‹ trifft aus England in Buffalo ein. Die 31 Gemälde aus Stills Schenkung von 1964 sowie die beiden großen Bilder, die die Galerie zu einem früheren Zeitpunkt gekauft hatte, werden in der Ausstellung gezeigt, die an diesem Tag eröffnet wird und bis 31. März dauert.

Der Katalog enthält jeweils einen Beitrag aus der Feder des Museumspräsidenten Seymour H. Knox und des Museumsdirektors Gordon Smith. Das Vorwort stammt von Mrs. Katharine Kuh, die biographischen Anmerkungen von Ethel Moore. Alle im Katalog enthaltenen Gemälde sind Farbreproduktionen. Clyfford Still steuert eine ›Erklärung des Künstlers‹ bei:

Wenn ich die Bildreproduktionen in diesem Katalog mit einem Kommentar des Malers versehe, so ist dies von mir nicht nur äußerst wagemutig gehandelt – es ist rundheraus vermessen. Das haben mir zumindest einige von denjenigen gesagt, die über Bilder zu schreiben pflegen. In einer Kultur, in der das geschriebene Wort im allgemeinen als gleichbedeutend mit Gott erscheint, deutet mein Vorgehen auf blasphemische Arroganz. Nachdem ich also nunmehr von wohlmeinenden Menschen über das ganze Ausmaß meines gotteslästerlichen Tuns aufgeklärt worden bin, bleibt mir keine andere Wahl, als meinem von ihnen gesammelten Sündenregister weiteres Belastungsmaterial hinzuzufügen.

Als ich gegen Ende meines 25. Lebensjahres die Werke und Taten jener Künstler betrachtet und gründlich studiert hatte, die in den Museen und Büchern als Meister gezeigt werden, kam ich zu dem Schluß, daß nur sehr wenige von ihnen die Bewunderung verdienten, die man ihnen zollte, und daß diese wenigen ihre wahre Bedeutung erst erlangt hatten, nachdem sie an den alten Grundlagen der Kunst gerüttelt und ihren Lehrern getrotzt hatten. Die Galerien enthielten Sammlungen, die nach dem Prinzip ausgewählt waren, fast ausschließlich Bewußtseinshaltungen zu spiegeln, die sich ästhetischen Kindereien und kulturellen Auflagen verschrieben hatten. Und wenige Kunstkritiker ließen in ihren Analysen mehr erkennen als das sehr deutliche Verlangen, in ihrem sozialen Milieu als Autoritäten zu gelten. Dabei waren sie auf dem gesamten Gebiet der Malerei, die sie besudelten und zu lenken vorgaben, ebenso bodenlos unwissend wie in der Kunst des Schreibens unfähig.

Für mich wurde es zur zwingenden Forderung, daß ein neuer Anfang gemacht werden mußte, wenn dieses System – diese Erweiterung von Geist, Herz und Hand eines Menschen – zu seinem Potential finden sollte. Meine Folgerung gründete auf meiner Kenntnis der Vergangenheit, aber gerade weil ich die Vergangenheit und ihren bis zum gegenwärtigen Zeitpunkt wirkenden Einfluß erkannte, wurde mir klar, daß man ihr nicht durch den Willen allein entfliehen konnte. Die Manifeste und ästhetischen Gebärden der Kubisten, der Fauves, Dadaisten, Surrealisten, Futuristen und Expressionisten waren der Beweis dafür, daß ihre Schwarze Messe nur eine pathetische Huldigung an das darstellte, was sie häufig zu verhöhnen vorgaben. Und das Bauhaus drängte sie alle energisch in einem kühlen, universellen Buchenwald zusammen. Alle die geistigen Richtungen waren zur Stelle, aber sie alle vermochten sich nicht zu emanzipieren.

Ich habe auch die Lehre der organischen Entwicklung nicht übersehen. Die Ontogenese verwies darauf, daß es der Weg durch das Labyrinth der Sterilität erforderte, daß ich mir mein phylogenetisches Erbe in Erinnerung rief. Weder wortreiche Formulierungen noch ästhetische Zusätze würden genügen. Ich mußte mein Ziel, meine Befreiung und die erhebende Eigenverantwortlichkeit, die meiner Überzeugung nach darauf folgen mußte, ganz und gar und unmittelbar durch mein eigenes Leben und meine eigenen Hände schaffen. Es würde Zeit brauchen. Jahre der Arbeit lagen vor mir, aber jedes geschaffene Werk würde seinen Anteil zur Ablösung beitragen und die Kraft wachsen lassen, die für den nächsten Schritt, der sich anschließen mußte, benötigt wurde.

Während der gesamten dreißiger Jahre habe ich meine Tätigkeit der Klärung, Tilgung, Ausweitung und Überprüfung mit aller Energie, die ich aufbringen konnte, vorangetrieben. Bis es mir gelang, die Symbole, die sich den starren sozialen Strukturen unterworfen oder diese illustriert hatten – von der Antike über den Kubismus und Surrealismus bis zu meinen eigenen damaligen Zeitgenossen –, festzunageln und ihr Sykophantentum auf der Schneide meiner Identität bloßzustellen.

Natürlich begannen die Schwierigkeiten, als meine Gemälde zum ersten Mal öffentlich ausgestellt wurden. Die Fachleute beklagten sich, sie seien ohne Beispiel in der Kunstgeschichte und legten Zeugnis davon ab, daß ich traditionelle Dinge mißverstanden hätte. Es zeigte sich, daß man auf ästhetischer, politischer, sogar religiöser Ebene Anstoß nahm! Um den Angriffen einen Anstrich von Plausibilität zu verleihen, wurde ich mit kryptochristlichen Moralvorstellungen in hastig erfundenen Begriffen belegt, die geeignet waren, jede Facette meines Lebens und meiner Anschauungen falsch zu interpretieren. Das Urteil wurde gefällt und publiziert.

Ich gab das Kompliment zurück. Denn nun hatte ich den Beweis in Händen, daß die Jahre des Malens und Nachdenkens nicht vergeudet waren. Aber die Arbeit mußte in der Einsamkeit und mit eiserner Entschlossenheit fortgeführt werden. Ich hatte als junger Mann erfahren, welchen Preis man für einen Vater, einen Meister, einen Jahwe oder seinen modernen Ersatz – eine institutionalisierte Kultur – zahlen muß. Mein Verbrechen jedoch erwies sich als schwerwiegend. In der beleuchteten Arena gegen die Ordnung zu sündigen, war kein großes Vergehen; man konnte abgehandelt, analysiert, neutralisiert oder abgekapselt werden. Aber daß jemand in der Stille der Katakomben die Gesetze der Kontrolle selbst mit dem kanonischen Instrument ihrer Erhöhung herausforderte, dafür war mehr als eine Berichtigung oder ein Tadel am Platze – das war Verrat!

Nun, da ich frei war, verriet ich mich selbst durch mein Versäumnis, mich völlig von denjenigen zurückzuziehen, die mich kannten. Sicherlich war es ihr gutes Recht, daß sie das, was sie interessant fanden, mit anderen teilen wollten. Daß die ›anderen‹ nur mit Haß oder Furcht reagierten, beflügelte lediglich ihren Eifer, das eigene Interesse zu rechtfertigen. Sie taten das in Begriffen, die zu überzeugen verstanden – mit rationalen, künstlerisch adäquaten, sozial akzeptablen Formulierungen. Als ich meine Verteidiger darauf hinwies, daß ihre Bemühungen den Keim der Negation all dessen in sich trugen, was für mich den Sinn und Gehalt meiner Leinwände ausmachte, wurde mir bewußt, daß die Fachleute sehr wohl begonnen hatten, ihre Aura latenter Kraft zu verspüren, daß sie Eigenschaften rochen, die ausgebeutet werden konnten.

Denn diese Konzeptionen ließen sich zu prätentiösen Zeichenübungen pervertieren, als sozioästhetische Erbauungsübungen parodieren oder zu psychotischen Alibis degradieren, die dem Ehrgeiz oder der intellektuellen Impotenz dienlich sein mochten. Die zu einem umfassenden Koordinatensystem verbundenen Elemente meiner Malerei trugen und bestätigten für mich das Prinzip geistiger Befreiung. Aber es wurde rasch offenbar, daß sich diese Elemente in den Händen skrupelloser Männer isolieren und herauslösen ließen, um den Geist zu ängstigen, die Augen durch Haß zu blenden oder mit bewußter Täuschung zu verführen.

Inzwischen sind frustrierte Literaten und politische ›aficionados‹, die als Maler posieren, auf den Plan getreten, um ihr Engagement für den Fortschritt, die Menschheit, den Frieden, die Reinheit, die Liebe oder die Avantgarde zu betonen. Unter dem Vorwand, es handle sich um meine Vorläufer, haben sie irgendwelche Beispiele ausgegraben, wahllos mit meinem Schaffen verglichen und dessen Einzelheiten durch einfältige und sinnlose Verallgemeinerungen verunklart. So wurde die Genese eines befreienden Absoluten unter einer Schicht historischer Nichtigkeiten begraben.

Man hat mir – zu meiner beträchtlichen Erheiterung – berichtet, daß mein persönlicher Weggang aus New York von vielen, die dort zurückblieben, als »ein Sieg ihres Establishments« begrüßt wurde. Gewiß, fügsame Ersatzmänner – Ex-Studenten und ewige Imitatoren gleichermaßen – wurden von Küste zu Küste vorgeschoben, um zu leugnen, daß ich je existiert hatte. So erhielt die institutionalisierte Kunst wieder ihre Autorität zurück, und die erzählte Geschichte wurde von denjenigen wieder in die Malerei aufgenommen, die verhungern würden, wenn ihr Betrug entlarvt würde. Die Scharade eines Pyrrhus-Sieges.

Ich möchte hier betonen, daß meine Beziehung zu diesem zeitgenössischen Moloch, dem Kulturstaat, sich nicht geändert hat. In seiner erstickenden Allgegenwärtigkeit gibt es für Menschen, die einer Sehnsucht folgen, der die Gemälde in diesem Katalog ihre Entstehung verdanken, weder ideologisch noch praktisch irgendeinen Ort. Nur wenige Institutionen, die im Rahmen der Machtstrukturen unserer Kultur überleben wollen, können sich die Präsenz eines Individuums leisten, das den Wert ihrer Regeln bezweifelt und bestrebt ist, ihnen zu trotzen. Ebensowenig wagen sie es, einen Verhaltens- oder Verwaltungscode zu übernehmen, der nicht die kollektivistischen Nenner unserer Zeit sucht und sich ihnen unterwirft.

Mr. Seymour Knox und Mr. Gordon Smith, zwei Männer, die sich in meinen Augen als außergewöhnlich unabhängig von der Rolle gezeigt haben, die ihnen ihre Ämter und Pflichten auferlegen, haben mich gebeten, eine Gruppe meiner Bilder unter den Schutz und Schirm der Albright-Knox Art Gallery zu stellen. Den von mir geltend gemachten Bedingungen stimmten sie sofort zu. Mein Anliegen, daß die Bilder zusammenbleiben müßten, machte die Auflage erforderlich, daß sie ständig und ohne Unterbrechung in der Obhut der Albright-Knox Art Gallery zu verbleiben hätten – daß sie nicht aus dem Museum entfernt und zu irgendeiner anderen Galerie oder Stadt geschickt werden dürften. Für diejenigen Menschen jedoch, die aus irgendeinem Grund nicht hierher kommen könnten oder die einen Bildnachweis über diesen Teil meines Schaffens wünschten, sollte ein Buch mit Reproduktionen gestaltet werden. Der vorliegende Band mit 33 Farbabbildungen – in ihnen sind auch die beiden großen, von der Galerie vor zwei Jahren erworbenen Gemälde enthalten – erfüllt nunmehr die letzte mit meinem Legat verbundene Verpflichtung.

So wird paradoxerweise ein Teil meines entschiedenen und engagierten Weges zur Freiheit, mit dem der Durchbruch durch die kulturellen Schranken der Epoche gelang, allen, die ihn zu sehen verlangen, in der Form gezeigt werden können, in der er ursprünglich konzipiert wurde.

Ich muß im übrigen den Betrachter daran erinnern, daß der Verlorene Sohn nicht zum Vater zurückgekehrt ist. Dadurch, daß er an ihm vorübergeht und seinen Stolz auf

17 **1967**, Öl auf Leinwand, 201 x 170 cm (80 ½ x 68″)

Geheiß seiner Ehre bewahrt, hat er ein Geschenk anzubieten, das kein Mensch, der seine eigene Seele respektiert, mißachten wird.

Diese Werke widme ich allen Menschen, die die Bedeutung und die Verantwortung persönlicher und absoluter Freiheit kennenlernen wollen.

Clyfford Still

1966 – 7. Juni. Still kauft ein Haus in New Windsor, Maryland. Das Atelier und die Farm in der Nähe von Westminster behält er bei.

1966 – 29. September. Ein Raum in der Albright-Knox Art Gallery in Buffalo wird Clyfford Still gewidmet.

1967 – 7. Juni. Still erhält die Ehrendoktorwürde (Doctor of Fine Arts) vom Maryland Institute College of Art in Baltimore, Maryland, verliehen.

1967 – 12. Juni. Arnold Rüdlinger, Konservator an der Kunsthalle in Basel, reist nach New Windsor, um die Möglichkeit einer Ausstellung für 1968 zu besprechen. Aber im November 1967 erhält Still die traurige Nachricht von Rüdlingers Tod. Auf Veranlassung und unter Mitwirkung Rüdlingers hatte die Kunsthalle Basel Stills Gemälde **1957-D No. 2** (PH-822) erworben.

1969 – 25. November bis 3. Januar 1970. Die Marlborough-Gerson Gallery, N.Y., stellt einen Großteil der Gemälde aus, die sie von Clyfford Still erworben hat. Ein Katalog begleitet die Einzelausstellung.

1971 – Januar. Die United States Information Agency veröffentlicht einen Artikel und vier Farbreproduktionen der Gemälde **1950** (PH-19), **1954** (PH-49) und **1957-D No. 1** (PH-48) aus der Sammlung der Albright-Knox Art Gallery und **1967** (PH-635; Abb. 17) aus Stills eigener Sammlung in der Zeitschrift ›America Illustrated: Russian Issue No. 171‹ und ›Polish Issue No. 144‹. Später erbittet und erhält die Agentur die Erlaubnis, die Reproduktionen in den folgenden Publikationen zu wiederholen: ›Pregled‹, von USIS Belgrad publiziert; ›Panorama‹, von USIS Karachi publiziert; ›Span‹, von USIS Neu Delhi publiziert; ›Marzhaye Now‹, von USIS Teheran publiziert; ›Horizons‹, von RCS Manila publiziert; ›World Today‹, von USIS Hong Kong publiziert.

1971 – 28. Februar bis 4. April. 32. Veranstaltung der alle zwei Jahre stattfindenden Ausstellung in der Corcoran Gallery of Art in Washington, D.C. Elf Künstler sind dazu vom Leiter der Ausstellung geladen, während sie ihrerseits einen Künstler ihrer Wahl zur Teilnahme auffordern dürfen. Frank Lobdell wählt Still, der sein großes Gemälde **1964** (PH-440), 291 x 406 cm, einreicht.

1972 – 20 März. Aaron Copland von der American Academy of Arts and Letters, New York, bietet Still die Verdienstmedaille für Malerei und einen Geldpreis von tausend Dollar an. Still antwortet per Telegramm und nimmt die Medaille an. In einem nachfolgenden Brief mit dem Datum 29. März 1972 schreibt er:

Einen in ihrem Telegramm erwähnten Punkt sollte ich meiner Ansicht nach gleich mit Ihnen besprechen: Ich habe es mir in meinem Leben zum Prinzip gemacht, keine Subventionen, Preise oder Zuschüsse für meine im Werden begriffene, vollendete oder geplante Arbeit anzunehmen. Daher muß ich mir ausbedingen, daß die eintausend Dollar, die zusammen mit der Medaille ausgesetzt sind, nicht auch in Verbindung mit ihr verliehen werden. Ich bin sicher, daß Sie meine Gründe verstehen und dieser scheinbar abschlägigen Bitte ihre Zustimmung nicht versagen.

1972 – 27. Mai. Still wird die Ehrendoktorwürde der North Dakota State University in Fargo, North Dakota, verliehen.

1972 – 12. September. Still schreibt den folgenden Brief an Felicia Geffen, Assistentin des Präsidenten der American Academy of Arts and Letters:

Liebe Mrs. Geffen,

gestern erhielt ich eine wunderschöne Goldmedaille von der American Academy of Arts and Letters. Ich sage allen, die für diese großherzige und freundliche Geste verantwortlich zeichnen, ein herzliches ›Dankeschön‹.

Ich möchte Sie nochmals herzlich dafür um Entschuldigung bitten, daß ich bei der Verleihung nicht anwesend sein konnte. Aber ich denke, daß mich meine Tochter Sandra,

18 Clyfford Still, Januar 1969 (Photo Sandra Still)

die in New York lebt und mir von den beeindruckenden Feierlichkeiten berichtete, bestens vertreten hat.

Bitte übermitteln Sie Mr. Lippold meinen Dank für die Überreichung der Medaille wie auch für seine Begleitworte. Eine kleine Korrektur muß ich hierzu jedoch noch anbringen: Am Schluß, so wurde mir berichtet, schnitt er die Frage meiner Gefühle für die Anwesenden an und meinte, daß ich eine Art ›Haß‹ gegen sie empfände. Ich möchte ihn daran erinnern, daß ich sowohl im persönlichen Gespräch als auch in gedruckten Äußerungen Kunstschaffende verteidigt habe (manchmal gegen ihren Willen). Ich habe sie gescholten oder ermutigt und sie nur allzu treffend auf die Konsequenzen hingewiesen, die sich einstellen müßten, wenn sie sich weiterhin den parasitären Kräften anpaßten, die sie ausbeuteten. Dann wären nämlich die Entstellung und Verzerrung ihrer Arbeit und wahrscheinlich ihre persönliche Zerstörung unvermeidlich. Bis ich mich schließlich genötigt sah, wie ein Vater, auf den niemand hört, mich von ihnen zurückzuziehen, nachdem ich feststellen mußte, daß ich viel Zeit und Energie nutzlos auf diese Dinge verschwendet hatte.

Ich mag diese Leute – sie repräsentieren den schöpferischen Menschen –, sie sind die einzige Hoffnung, die uns für das Überleben bleibt. Wenn es denn einen Funken Haß in mir gibt, so richtete er sich gegen diejenigen, die mit ihrer Arroganz und Moral der Täuschungen unsere Arbeit vereinnahmen und pervertieren wollen.

Ich bin sicher, Mr. Lippold wird das verstehen. Danken Sie ihm ganz besonders in meinem Namen.

Ihr Clyfford Still

1972 wird Still um erklärende Kommentare zu drei seiner Bilder gebeten. Sie sollen in dem Katalog veröffentlicht werden, der 1974 anläßlich der Eröffnung des Joseph H. Hirshhorn Museum and Sculpture Garden in Washington, D.C., erscheint. Über das Bild **1950-A No. 2** (PH-336) 276 x 234 cm, das er in seinem New Yorker Atelier am Cooper Square gemalt hat, schreibt er:

In meiner Kunst will ich meine Entscheidung, den menschlichen Geist zu erheben, sichtbar und erlebbar machen. Mit den Instrumenten der Kunst die banalen Friktionen des Alltags, die zu den Erfahrungen fast jedes Menschen gehören, ins Gedächtnis zu rufen, scheint mir wenig verdienstvoll. Das mag dem Betrachter oder dem Leser eine morbide Lust verschaffen und für den Künstler Profit abwerfen, aber es ist und bleibt eine entwürdigende Übung. Wer derartige Befriedigung in meiner Arbeit sucht, wird wenig finden, was seine Aufmerksamkeit lohnt.

Dagegen halte ich es für deutlich erwiesen, daß die niederträchtigsten Feinde des Menschen diejenigen sind, die den Akt der geistigen Befreiung mit Instrumenten der Kunst simulieren, die sie zu Zwecken der Einschüchterung, Täuschung oder des Angriffs mißbrauchen. Die Gefängnisse der malerischen Kunstfertigkeit sind weit heimtückischer als die Gefängnisse aus Beton und Stahl. Nicht zufällig weisen sie so häufig Parallelen miteinander auf.

* * *

**1950-A No. 2** habe ich binnen eines Monats nach der ersten Version für meine persönliche Dokumentation gemalt. Die Schaffung weiterer Versionen halte ich dann für notwendig, wenn ich meine, daß der Bedeutungsgehalt der Idee oder des geistigen Durchbruchs es verdient, auf mehr als einer Leinwand zu überleben – besonders, wenn diese der risikobehafteten Welt der Ausstellungen und Sammler anvertraut wird. Obwohl die wenigen Repliken, die ich mache, sich gewöhnlich eng an das Original halten oder es erweitern, hat doch jede ihr spezielles Eigenleben und ist nicht als bloße Kopie gedacht. Das vorliegende Werk hat bestimmte Faktoren geklärt und kam in diesem Fall paradoxerweise meinem ursprünglichen Konzept näher als das erste Gemälde, das die ambivalenten Züge meines inneren Kampfes widerspiegelt.

1974 – 22. Oktober. Still wird von Willard W. Cummings, dem Präsidenten der Skowhegan School of Painting and Sculpture, die Skowhegan Medaille 1975 für Malerei verliehen. Zum Auswahlkomitee gehören: Anne d'Harnoncourt, Thomas B. Hess, Henry T. Hopkins, Mrs. John Jakobson und Gifford Phillips. Der Preis ist verbunden mit einem Stipendium für einen jungen Künstler zum Studium an der Skowhegan School in Maine, den Still auswählen darf. Seine Wahl fällt auf Deborah Jones aus Baltimore, Maryland.

1975 – Mai. Clyfford Still überantwortet dem San Francisco Museum of Modern Art in San Francisco eine Schenkung von 28 Gemälden aus den Jahren 1934 bis 1974. Zur Aufnahme der Sammlung wird mittels beweglicher Wände eine ständige Galerie eingerichtet (Abb. 20), in der die nicht ausgestellten Bilder aufbewahrt werden können. Ein Farbkatalog mit den Abbildungen aller Gemälde wird gedruckt, in den auch zwei Gemälde eingeschlossen werden, die das Museum bereits in Besitz hat, sowie drei weitere als Leihgabe Stills. Der Katalog enthält außerdem eine Erklärung des Künstlers, Henry T. Hopkins' Beitrag ›Die Schenkung: Korrespondenz‹, eine Biographie, ausgewählte Auszüge aus Clyfford Stills Briefwechsel sowie eine Dokumentation über die Ausstellungen Clyfford Stills mit Bild- und Datenmaterial, das die Hängung und Ausstellungsdetails jedes Gemäldes bei den früheren Expositionen festhält.

1975 – 1. Juni. Still erhält den Alumni Achievement Award (Preis für hervorragende Leistungen ehemaliger Studenten) der Washington State University (ehemals Washington State College). Die Inschrift lautet: »Verliehen an Clyfford Still, der die Machtstrukturen unserer Kultur überdauerte und unseren Geist befreite« und

19 Stills Haus in New Windsor, Maryland (Photo Lord Snowdon)

20 Ständige Ausstellung in der T. B. Walker Gallery, San Francisco Museum of Modern Art

war von Howard Nessen und C.G. ›Pat‹ Patterson unterzeichnet.

1976 – 8. Januar bis 20. April. Einzelausstellung mit 33 Gemälden im San Francisco Museum of Modern Art in San Francisco.

1976 – 16. Mai. Still wird der Grad eines Ehrendoktors der Schönen Künste des San Francisco Art Institute (ehemals California School of Fine Arts) in San Francisco verliehen.

1978 – 4. Januar. Still wird als Mitglied an die American Academy and Institute of Arts and Letters in New York berufen.

1979 – 17. November bis 3. Februar 1980. Einzelausstellung im Metropolitan Museum of Art in New York. Der Katalog der Ausstellung enthält je ein Vorwort des Museumsdirektors Philippe de Montebellos und von Katharine Kuh sowie eine Einführung, Notizen und Briefe von Clyfford Still und eine biographische Übersicht, zusammengestellt von Patricia Still. Alle 79 Gemälde der Ausstellung erscheinen in Farbreproduktionen.

1980 – 16. Mai. Still wird die Ehrendoktorwürde (Doctor of Fine Arts) von der University of Maryland, College Park, Maryland, verliehen. Die Laudatio besagt:

> Sein einsames Arbeiten im Dienst der künstlerischen Schöpfung hat alle Aufmerksamkeit und alle Kräfte Clyfford Stills beansprucht, der so zu einem großen amerikanischen Künstler wurde und durch seine ungeteilte Hingabe an die Inspiration seines Genius ein Beispiel für andere gab.
>
> Nachdem er sich von dem Realismus seiner frühen Landschaften des amerikanischen Westens gelöst hatte, begann er den Weg zu seinem einzigartig eigenwilligen Stil einzuschlagen und bot seinen Studenten an der California School of Fine Arts eine Alternative zum Kubismus. Er wurde zu einer der einflußreichsten Persönlichkeiten in der amerikanischen Kunst und der führende Exponent des Abstrakten Expressionismus.
>
> Für seine zahllosen Verdienste und in Anerkennung seines wegweisenden Einflusses auf die Künste in Maryland und in der ganzen Welt wird ihm heute der Grad eines Doktors der Schönen Künste verliehen.

1980 – Am 23. Juni stirbt Clyfford Still. Seine eigene Bildersammlung hinterläßt er testamentarisch einer amerikanischen Stadt und legt Bedingungen hinsichtlich ihrer Aufbewahrung fest.

21 Clyfford Still, März 1972
(Photo Patricia Still)

# Ausgewählte Bibliographie

Die Bibliographie wurde von Michael Auping mit Unterstützung der Mitarbeiter der Albright-Knox Art Gallery zusammengestellt.


## *Schriften des Künstlers*

›Cézanne: A Study in Evaluation‹, M.A.-Arbeit, State College of Washington, Pullman 1935.

›From a letter dated Feb. 5, 1952‹, in *15 Americans*, New York (The Museum of Modern Art) 1952, S. 21–22.

›Letter to Gordon Smith, dated Jan. 1, 1959‹, in *Paintings by Clyfford Still*, Buffalo (Albright Art Gallery) 1959, S. [3]–[5]. Wiederabgedruckt in Chipp, Herschel B., *Theories of Modern Art: A Source Book by Artists and Critics*, Berkeley 1968, S. 574–76.

›Comments‹, in *Gallery Notes* (Buffalo), Sommer 1960, S. 12–13.

[Zitate] in *Clyfford Still*, Philadelphia (Institute of Contemporary Art, University of Pennsylvania) 1963, S. [5]–[6].

›An Open Letter to an Art Critic‹, in *Artforum* (San Francisco), Dez. 1963, S. 30–31, 33–35.

›Letters‹, in *Artforum* (San Francisco), Feb. 1964, S. 4.

›A Statement by the Artist‹, in *Clyfford Still: Thirty-three Paintings in the Albright-Knox Art Gallery*, Buffalo (Albright-Knox Art Gallery) 1966, S. 16–18.

›A Statement by the Artist‹, in *Clyfford Still*, San Francisco (San Francisco Museum of Modern Art) 1976, S. 119–24.

›Introduction and Notes and Letters from the Artist‹, in *Clyfford Still*, New York (Metropolitan Museum of Art) 1979, S. 19, 21–57.

## *Über den Künstler*

### Interviews

Townsend, Benjamin, ›An Interview with Clyfford Still‹, in *Audit* (Buffalo), Winter und Frühjahr 1961, S. 45–48.

Townsend, Benjamin, ›An Interview with Clyfford Still‹, in *Gallery Notes* (Buffalo), Sommer 1961, S. 8–16.

Albright, Thomas, ›A Conversation with Clyfford Still‹, in *Art News* (New York), März 1976, S. 30–35.

### Archivmaterial

Die Albright-Knox Art Gallery ist dem Midwest Regional Center, Smithsonian Institution, Archives of American Art in Detroit, Michigan, für die Leihgabe des folgenden Archivmaterials zu Dank verpflichtet:

Edward Dugmore Papers, Microfilm-Rolle Nr. D251.

Betty Freeman Papers, Microfilm-Rolle Nr. 4060.

Clement Greenberg Papers, Microfilm-Rolle Nr. N70-7.

Peggy Guggenheim Papers, Microfilm-Rolle Nr. ITVE 1.

Charles Kessler Papers, Microfilm-Rolle Nr. 3090.

Erle Loran Papers, Microfilm-Rolle Nr. 1716.

Mary Fuller McChesney Papers, Microfilm-Rolle Nr. 1329.

Betty Parsons Papers, Microfilm-Rolle Nr. N68/72.

Adja Yunkers Papers, Microfilm-Rolle Nr. D251.

Photographien von Künstlern, Microfilm-Rolle Nr. 441.

Die Schriften von J. Benjamin Townsend sind nicht microverfilmt; um sie einzusehen, muß man sich an die Smithsonian Institution, Archives of American Art, Washington, D.C., wenden.

### Dissertation

Anfam, David A., ›Clyfford Still‹, Phil. Diss., Courtauld Institute, London, 1984, © 1992.

### Artikel

›New Faculty Members: Clyfford Still‹, in *San Francisco Art Association Bulletin*, Jan. 1947, S. [2].

›Exhibition Notes‹, in *San Francisco Art Association Bulletin*, April 1947, S. [5].

›Clyfford Still‹, in *Magazine of Art* (Washington, D.C.), März 1948, S. 96.

Farber, Manny, ›Art‹, in *The Nation* (New York), 6. Jan. 1951, S. 19.

Goossen, Eugene C., ›Painting as Confrontation: Clyfford Still‹, in *Art International* (Zürich), Bd. 4, No. 1, 1960, S. 39–43.

Sawyer, Kenneth B., ›U.S. Painters Today. No. 1: Clyfford Still‹, in *Portfolio and Art News Annual* (New York), No. 2, 1960, S. 74–87.

›Still on Fire‹, in *Newsweek* (New York), 25. Feb. 1963, S. 92.

›Entering Public Domain: Chicago, Epic in Black‹, in *Art News* (New York), Febr. 1964, S. 35.

›In the Right Hands‹, in *Time* (New York), 29. Mai 1964, S. 60.

Still, Patricia, ›Letters‹, in *Artforum* (San Francisco), Sept. 1964, S. 4.

›Clyfford Still‹, in *Mizue: A Monthly Review of the Fine Arts* (Tokio), Aug. 1965, S. 19–30.

McQuillan, Melissa, ›Clyfford Still: A Critical Evaluation‹, in *Harvard Art Review* (Cambridge, Mass.), Frühjahr–Sommer 1967, S. 17–20.

Kuh, Katharine, ›Still, the Enigma‹, in *Vogue* (New York), 1. Febr. 1970, S. 180–83, 218–20.Wiederabgedruckt in dies., *The Open Eye: In Pursuit of Art*, New York 1971, S. 26–32.

McCaughey, Patrick, ›Clyfford Still and the Gothic Imagination‹, in *Artforum* (New York), April 1970, S. 56–61.

Shirey, David L., ›Fame Comes Late for Clyfford Still‹, in *The New York Times*, 20. Jan. 1971, S. 22.

Harrison, Charles, ›Abstract Expressionism II: Clyfford Still‹, in *Studio International* (London), Febr. 1973, S. 53–54.

Albright, Thomas, ›Acquisitions from an American Abstract Giant‹, in *San Francisco Chronicle, This World Magazine*, 18. Mai 1975, S. 33–34.

Davis, Douglas, ›Still – Honoring a Prophet‹, in *Newsweek* (New York), 16. Juni 1975, S. 54–55.

Selz, Peter, ›Between Friends: Still and the Bay Area‹, in *Art in America* (New York), Nov.–Dez. 1975, S. 70–73.

Dunham, Judith L., ›The Still Gift‹, in *Artweek* (Oakland, Calif.), 27. Dez. 1975/3. Jan. 1976, S. 1, 20.

Kuspit, Donald B., ›Clyfford Still: The

Ethics of Art‹, in *Artforum* (New York), Mai 1977, S. 32–40.
Kuspit, Donald B., ›Symbolic Pregnance in Mark Rothko and Clyfford Still‹, in *Arts Magazine* (New York), März 1978, S. 120–25.
Albright, Thomas, ›The Painted Flame‹, in *Horizon* (Tuscaloosa, Ala.), Nov. 1979, S. 24–33.
Albright, Thomas, ›Clyfford Still: Seeking the Vastness and Depth of a Beethoven Sonata or a Sophocles Drama‹, in *Art News* (New York), Sept. 1980, S. 159–60.
Davis, Douglas, ›A Fierce Romantic‹, in *Newsweek* (New York), 7. Juli 1980, S. 71.
Greenberg, Clement, ›Clyfford Still‹, in *Arts Magazine* (New York), Okt. 1980, S. 114–17.
Hopkins, Henry, ›Clyfford Still, 1904–1980‹, in *Art in America* (New York), Okt. 1980, S. 11.
Kramer, Hilton, ›The Singularity of Clyfford Still‹, in *The New York Times*, 6. Juli 1980, Teil 2D, S. 19.
Kramer, Hilton, ›Greenberg Revises His View of Still‹, in *The New York Times*, 30. Okt. 1980, Teil 3C, S. 18.
Russell, John, ›Clyfford Still Dies: A Leading Painter‹, in *The New York Times*, 25. Juni 1980. Teil 2B, S. 5.
Tousley, Nancy, ›Clyfford Still: Paintings, an Intensity of Will‹, in *Vanguard* (Vancouver), April 1980, S. 16–18.
Weisgall, Hugo, ›Clyfford Still, 1904–1980‹, in *Proceedings of the American Academy and Institute of Arts and Letters* (New York), 2. Serie, Nr. 32, 1981, S. 89–92.
Polcari, Stephen, ›Intellectual Roots of Abstract Expressionism: Clyfford Still‹, in *Art International* (Lugano), Mai–Juni 1982, S. 18–35.
Topper, David R., ›Historical Perspectives on the Arts, Sciences, and Technology‹, in *Leonardo* (Oxford), Bd. 17, Nr. 3, 1984, S. 213–15.
Decker, Andrew, ›Will the Clyfford Still Estate Find a Home?‹, in *Art News* (New York), Febr. 1986, S. 65–70.
Karlstrom, Paul J., ›Regional Reports: West Coast‹, in *Archives of American Art Journal* (Washington, D.C.), Bd. 26, Nr. 2 und 3, 1986, S. 53–55.
Heller, Ben, ›Art, Money and Law: Notes on the Clyfford Still Estate‹, in *Art in America* (New York), Dez. 1990, S. 63–65, 67, 69.

## *Über den Abstrakten Expressionismus*

### Bücher

Hess, Thomas B., *Abstract Painting: Background and American Phase*, New York 1951.
Miller, Dorothy C., *15 Americans*, New York 1952.
Motherwell, Robert und Ad Reinhardt, Hrsg., *Modern Artists in America*, New York 1952.
Tuchman, Maurice, *The New York School, The First Generation*, Los Angeles 1965.
Sandler, Irving. *The Triumph of American Painting: A History of Abstract Expressionism*, New York 1970.
Ashton, Dore, *The New York School: A Cultural Reckoning*, New York 1973.
Carmean, E.A. Jr., *The Great Decade of American Abstraction. Modernist Art 1960 to 1970*, Houston 1974.
Alloway, Lawrence, *Topics in American Art Since 1945*, New York 1975.
Rosenblum, Robert, *Modern Painting and the Northern Romantic Tradition: Friedrich to Rothko*, New York 1975.
Carmean, E. A. Jr., E. E. Rathbone und T.B. Hess, *American Art at Mid-Century*, Washington, D.C., 1978.
Hobbs, Robert Carleton und Gail Levin, *Abstract Expressionism: The Formative Years*, Ithaca, New York, 1978.
Guilbaut, Serge, *How New York Stole the Idea of Modern Art: Abstract Expressionism, Freedom, and The Cold War*, Chicago 1983.
Seitz, William Chapin, *Abstract Expressionist Painting in America*, Cambridge, Mass., und London 1983.
O'Brian, John, Hrsg., *Clement Greenberg: The Collected Essays and Criticism*, Chicago 1986.
Auping, Michael et al., *Abstract Expressionism: The Critical Developments*, New York 1987.
Anfam, David, *Abstract Espressionism*, London 1990.
Ross, Clifford, *Abstract Espressionism: Creators and Critics*, New York 1990.
Polcari, Stephen, *Abstract Expressionism and the Modern Experience*, New York 1991.

### M.A.-Arbeit und Dissertationen

Celentano, Francis M., ›The Origins and Development of Abstract Expressionism in the United States‹, M.A.-Arbeit, New York University, 1957.
Foster, Stephen C., *The Critics of Abstract Expressionism*, Ann Arbor 1980.
Polcari, Stephen, ›The Intellectual Roots of Abstract Expressionism‹, Phil. Diss., University of California, Santa Barbara, 1980.
Cox, Annette, *Art as Politics: The Abstract Expressionist Avant-Garde and Society*, Ann Arbor 1982.
Gibson, Ann, *Theory Undeclared: Avant-Garde Magazines as a Guide to Abstract Expressionist Images and Ideas*, Ann Arbor 1984.

### Artikel

Coates, Robert M., ›The Abstract Expressionists and Others‹, in *New Yorker* (New York), 29. Dez. 1951, S. 58–59.
Greenberg, Clement, ›American Type Painting‹, in *Partisan Review* (New York), Frühjahr 1955, S. 179–96.
Crehan, Hubert, ›Is There a California School?‹, in *Art News* (New York), Jan. 1956, S. 32–35, 64–65.
Morley, Grace L. McCann, ›Growth of Museum Collections‹, in *San Francisco Museum of Art Quarterly Bulletin*, Bd. 5, Nr. 2–3, 1956, S. 11–22.
›Home for Moderns‹, in *Time* (New York), 25. Nov. 1957, S. 102–03, 105.
Ashton, Dore, ›An Eastern View of the San Francisco School‹, in *Evergreen Review* (New York), Bd. 1, Nr. 2, 1957, S. 148–59.
Rubin, William, ›The New York School: Then and Now: Part I‹, in *Art International* (New York), März–April 1958, S. 23–26.
Alloway, Lawrence, ›Sign and Surface: Notes on Black and White Painting in New York‹, in *Quadrum: Revue Internationale d'Art Moderne* (Brüssel), Nr. 9, 1960, S. 49–62.
Goldwater, Robert, ›Reflections on the New York School‹, in *Quadrum: Revue Internationale d'Art Moderne* (Brüssel), Nr. 8, 1960, S. 17–36.
MacMullen, Roy, ›L'Ecole de New York: des Concurrents Dangereux‹, in *Connaissance des Arts* (Paris), Sept. 1961, S. 30–37.
Rosenblum, Robert, ›The Abstract Sublime‹, in *Art News* (New York), Febr. 1961, S. 38–41, 56, 58.
Alloway, Lawrence, ›The American Sublime‹, in *Living Arts* (London), Juni 1963, S. 11–22.
Kozloff, Max, ›The Critical Reception of Abstract Expressionism‹, in *Arts Magazine* (New York), Dez. 1965, S. 27–33.
Kerber, Bernhard, ›Der Ausdruck des Sublimen in der Amerikanischen Kunst‹, in *Art International* (Lugano), Dez. 1969, S. 31–36.
Bannard, Walter Darby, ›Touch and Scale: Cubism, Pollock, Newman, and Still‹, in *Artforum* (New York), Juni 1971, S. 58–66.
Alloway, Lawrence, ›Residual Sign Systems in Abstract Expressionism‹, in *Artforum* (New York), Nov. 1973, S. 36–42.
Kozloff, Max, ›American Painting During the Cold War‹, in *Artforum* (New York), Mai 1973, S. 43–54.
Cockcroft, Eva, ›Abstract Expressionism, Weapon of the Cold War‹, in *Artforum* (New York), Juni 1974, S. 39–41.
Forge, Andrew, ›Painting and the Struggle for the Whole Self‹, in *Artforum* (New York), Sept. 1975, S. 44–49.

Carmean, E. A. Jr., ›Morris Louis and the Modern Tradition: I: Abstract Expressionism‹, in *Arts Magazine* (New York), Sept. 1976, S. 70–75.
Cavaliere, Barbara und Robert C. Hobbs, ›Against a Newer Laocoon‹, in *Arts Magazine* (New York), April 1977, S. 110–17.
Alloway, Lawrence, ›Art‹, in *The Nation* (New York), 27. Mai 1978, S. 646.
Friedman, B. H., ›The Irascibles: A Split Second in Art History‹, in *Arts Magazine* (New York), Sept. 1978, S. 96–102.
Firestone, Evan R., ›Color in Abstract Expressionism: Sources and Background for Meaning‹, in *Arts Magazine* (New York), März 1981, S. 140–43.
Gibson, Ann, ›Regression and Color in Abstract Expressionism: Barnett Newman, Mark Rothko, and Clyfford Still‹, in *Arts Magazine* (New York), März 1981, S. 144–53.
Thaw, Eugene Victor, ›The Abstract Expressionists‹, in *The Metropolitan Museum of Art Bulletin* (New York), Winter 1986–1987, S. 1–56.
*Art Journal* (New York), Sonderheft über den Abstrakten Expressionismus, Herbst 1988.
Charrière, Edmond, ›La Triade et le Monochrome‹, in *Art Press* (Paris), Sept. 1988, S. 14–17.
Drudi, Barbara, ›Coscienza Romantica e linguaggio astratto nella pittura Americana del dopoguerra‹, in *Storia dell'Arte* (Florenz), 1988, S. 105–12.
Craven, David, ›Abstract Expressionism, Automatism and the Age of Automation‹, in *Art History* (Oxford), März 1990, S. 72–103.
Wilkin, Karen, ›Abstract Expressionism Revisited‹, in *The New Criterion* (New York), Febr. 1991, S. 28–34.

### Symposion

Polcari, Stephen und Ann Gibson (Veranstaltungsleiter), ›New Myths for Old: Redefining Abstract Expressionism‹, Beitrag zum 74. Jahrestreffen der College Art Association of America, New York, 13.–15. Febr. 1986.
Firestone, Evan R., ›American Scenist Thought and Abstract Expressionism‹, Teilbeitrag zu ›New Myths for Old: Redefining Abstract Expressionism‹, 74. Jahrestreffen der College Art Association of America, New York, 13.–15. Febr. 1986.
Klekner, Len, ›The Statements Reconsidered‹, Teilbeitrag zu ›New Myths for Old: Redefining Abstract Expressionism‹, 74. Jahrestreffen der College Art Association of America, New York, 13.–15. Febr. 1986.
Robson, Deirdre, ›The Market for Abstract Expressionism: The Time Lag Between Critical and Commercial Acceptance‹, Teilbeitrag zu ›New Myths for Old: Redefining Abstract Expressionism‹, 74. Jahrestreffen der College Art Association of America, New York, 13.–15. Febr. 1986.

# Ausstellungen (Auswahl)

## *Einzelausstellungen und Rezensionen*

San Francisco Museum of Art, *Paintings by Clyfford Still*, 2.–21. März 1943.
- Frankenstein, Alfred, ›This World of Art: The Annual Exhibition of Drawings and Prints‹, in *San Francisco Chronicle, This World Magazine*, 14. März 1943, S. 29.

Art of This Century Gallery, New York, *First Exhibition Paintings: Clyfford Still*, 12. Febr. – 2. März (verlängert bis 7. März) 1946. Kat., Vorwort von Mark Rothko.
- ›Clifford [sic] Still‹, in *Art News* (New York), Febr. 1946, S. 92.
- Jewell, Edward Alden, ›A War Memorial: Specific Plan Offered, With Background of Controversy – Some New Shows‹, in *The New York Times*, 24. Febr. 1946, Teil 2X, S. 6.
- R[eed], J[udith] K[aye], ›Extending a Myth‹, in *Art Digest* (New York), 1. März 1946, S. 17.

Betty Parsons Gallery, New York, *Clyfford Still: Recent Paintings*, 14.–26. April 1947.
- ›Clyfford Still: Parsons Gallery‹, in *Art News* (New York), Mai 1947, S. 50.
- ›Clyfford Still Show‹, in *San Francisco Art Association Bulletin*, Mai 1947, S. [4].
- DeVree, Howard, ›Groups and Singly‹, in *The New York Times*, 20. April 1947, Teil 2X, S. 7.
- L[ansford], A[lonzo], ›Fifty-Seventh Street in Review: Still's Legerdemain‹, in *Art Digest* (New York), 15. April 1947, S. 22.

California Palace of the Legion of Honor, San Francisco, *Clyfford Still Exhibition*, 2. Juli – 3. Aug. 1947.

Betty Parsons Gallery, New York, *Clyfford Still: Recent Paintings*, 17. April – 6. Mai 1950.
- ›Reviews and Previews: Clyfford Still‹, in *Art News* (New York), Sommer 1950, S. 49.
- K[rasne], B[ell], ›Fifty-Seventh Street in Review: Still's Non-objective Cartography‹, in *Art Digest* (New York), 1. Mai 1950, S. 22, 33.

Metart Gallery, San Francisco, 17. Juni – 14. Juli 1950.
- Crehan, Hubert, ›Clyfford Still Exhibition‹, in *San Francisco Chronicle, This World Magazine*, 9. Juli 1950, S. 21, 23.
- Loran, Erle, ›Art News from: San Francisco; Clyfford Still‹, in *Art News* (New York), Okt. 1950, S. 58–59.

Betty Parsons Gallery, New York, *Clyfford Still: Recent Paintings*, 29. Jan. – 17. Febr. 1951.
- F[itzsimmons], J[ames], ›Fifty-Seventh Street in Review: Clyfford Still‹, in *Art Digest* (New York), 1. Febr. 1951, S. 17–18.
- Preston, Stuart, ›Diversely Abstract: Five New One-Man Shows Explore the Field‹, in *The New York Times*, 4. Febr. 1951, Teil 2X, S. 14.
- Seuphor, Michel, ›Paris – New York, 1951‹, in *Art d'Aujourd'hui* (Paris), 2. Juni 1951, S. 4–15.

Albright Art Gallery, Buffalo, New York, *Paintings by Clyfford Still*, 5. Nov. bis 13. Dez. 1959. Kat., Vorwort v. Gordon M. Smith; Statement des Künstlers.
- ›The Image and the Void‹, in *Time* (New York), 9. Nov. 1959, S. 80–83.
- Ashton, Dore, ›Clyfford Still‹, in *The New York Times*, 15. Nov. 1959, Teil 2X, S. 19.
- Crehan, Hubert, ›Clyfford Still: Black Angel in Buffalo‹, in *Art News* (New York), Dez. 1959, S. 32, 58–60.

Institute of Contemporary Art, University of Pennsylvania, Philadelphia, *Clyfford Still*, 18. Okt. – 29. Nov. (verlängert bis 15. Dez.) 1963. Kat., Text von Ti-Grace Sharpless; Statements des Künstlers.
›The Aloof Abstractionist‹, in *Time* (New York), 29. Nov. 1963, S. 76–77.
Kozloff, Max, ›Art: Clyfford Still‹, in *The Nation* (New York), 6. Jan. 1964, S. 39–40.
Sharpless, Ti-Grace A., ›Freedom . . . Absolute and Infinitely Exhilarating‹, in *Art News* (New York), Nov. 1963, S. 36–39.

Albright-Knox Art Gallery, Buffalo, New York, *Clyfford Still: Thirty-three Paintings in the Albright-Knox Art Gallery*, 24. Febr. – 31. März 1966. Kat., Einführung von Seymour H. Knox und Gordon M. Smith; Vorwort von Katharine Kuh; Biographische Anmerkungen von Ethel Moore; Statement des Künstlers.
Joffe, Sue, ›33 of Still's Paintings on Display: Exhibition of Abstracts Marks Catalog Publication‹, in *Buffalo Evening News*, 24. Febr. 1966, Teil 3, S. 39.
J[offe], S[ue], ›Clyfford Still Terms Revolt in Graphic Arts 'Profound'‹, *Buffalo Evening News*, 2. März 1966, Teil 2, S. 17.

Marlborough-Gerson Gallery, New York, *Clyfford Still*, 26. Nov. 1969 – 3. Jan. 1970. Kat.
›In the Galleries: Clyfford Still, Marlborough-Gerson‹, in *Arts Magazine* (New York), Dez. 1969/Jan. 1970, S. 58.
Ashton, Dore, ›New York Commentary‹, in *Studio International* (London), Febr. 1970, S. 74.
Glueck, Grace, ›New York Gallery Notes: Clyfford Still, Malborough-Gerson Gallery‹, in *Art in Amerika* (New York), Nov. – Dez. 1969, S. 154.
Hess, Thomas B., ›The Outsider‹, in *Art News* (New York), Dez. 1969, S. 34–37, 67–69.
Pincus-Witten, Robert, ›Clyfford Still: Marlborough Gallery‹, in *Artforum* (New York), Jan. 1970, S. 65–66.
Ratcliff, Carter, ›New York Letter – Clyfford Still: Marlborough-Gerson Gallery‹, in *Art International* (Lugano), 20. Jan. 1970, S. 99.
Sandler, Irving, ›Clyfford Still – Emerging from Eclipse‹, in *The New York Times*, 21. Dez. 1969, Teil 2D, S. 33.
Shirey, David L., ›Man of the Arts‹, in *Newsweek* (New York), 22. Dez. 1969, S. 105.

San Francisco Museum of Modern Art, *Clyfford Still*, 8. Jan. – 20. April 1976. Kat., Texte vom Künstler.
Allman, Paul, ›Artist as a Gambler‹, in *Richmond Independent* (Calif.), 17. Jan. 1976, S. 14.
Butler, Joseph T., ›America: Clyfford Still Exhibition‹, in *Connoisseur* (London), Aug. 1976, S. 312.
Dunham, Judith L., ›Clyfford Still's Paintings‹, in *Artweek* (Oakland, Calif.), 31. Jan. 1976, S. 1, 20.
Frankenstein, Alfred, ›A Big Boom of Still Masterpieces‹, in *San Francisco Examiner and Chronicle, This World Magazine*, 18. Jan. 1976, S. 28, 30.
Hughes, Robert, ›Prairie Coriolanus‹, in *Time* (New York), 9. Febr. 1976, S. 68–69.
Marmer, Nancy, ›Clyfford Still: San Francisco Museum of Modern Art‹, in *Artforum* (New York), April 1976, S. 75–76.
Martin, Fred, ›San Francisco‹, in *Art International* (Lugano), März–April 1976, S. 76–78.
Shere, Charles, ›Monumental Art Gift to San Francisco Museum‹, in *Oakland Tribune* (Calif.), 18. Jan. 1976, S. 14E.

Albright-Knox Art Gallery, Buffalo, New York, *Clyfford Still: 33 Paintings in the Collection*, 8. Juli–20. Aug. 1978.

Metropolitan Museum of Art, New York, *Clyfford Still*, 17. Nov. 1979–3. Febr. 1980. Kat., Vorwort von Philippe de Montebello; einführender Text von Katharine Kuh; kritischer Essay vom Künstler.
›Art Across North America: Outstanding Exhibitions: Untrue Criticism‹, in *Apollo* (London), Febr. 1981, S. 118–19.
›Metropolitan Museum of Art Exposition‹, in *Connaissance des Arts* (Paris), Nov. 1979, S. 56.
Ashbery, John, ›Still Lives‹, in *New York*, 3. Dez. 1979, S. 94–95.
Ashton, Dore, ›Clyfford Still: The Metropolitan Museum of Art‹, in *Artscanada* (Toronto), April/Mai 1980, S. 43.
Beck, James H., ›At the Met, Still‹, in *Arts Magazine* (New York), Febr. 1980, S. 90–91.
Bremer, Nina, ›New York: Metropolitan Museum of Art: Clyfford Still, Paintings‹, in *Pantheon: International Art Journal* (München), April/Mai/Juni 1980, S. 134.
Fuller, Peter, ›Excerpts from a New York Diary, 2‹, in *Art Monthly* (London), Nr. 34, 1980, S. 6, 8–10.
Glueck, Grace, ›Art People‹, in *The New York Times*, 23. Nov. 1979, Teil 3C, S. 23.
Hughes, Robert; ›Art: The Tempest in the Paint Pot‹, in *Time* (New York), 26. Nov. 1979, S. 105.
Kramer, Hilton, ›Art: Clyfford Still Show at Met‹, in *The New York Times*, 16. Nov. 1979, Teil C, S. 19.
Marmer, Nancy, ›Clyfford Still: The Extremist Factor‹, in *Art in America* (New York), April 1980, S. 102–13.
Monte, James, ›The Mythic Clyfford Still‹, in *Museum Magazine* (New York), März–April 1980, S. 64–66, 102.
Rose, Barbara, ›An American Genius: Clyfford Still‹, in *Vogue* (New York), Febr. 1980, S. 252–55.
Sims, Lowery S., ›Clyfford Still‹, in *Flash Art* (Mailand), Jan./Febr. 1980, S. 4–8.
Stevens, Mark, ›Still Runs Deep‹, in *Newsweek* (New York), 17. Dez. 1979, S. 109.
Temko, Allan, ›Clyfford Still's Cosmic Supermanland‹, in *San Francisco Examiner and Chronicle, This World Magazine*, 10. Febr. 1980, S. 49–50.
Walker, James Faure, ›Clyfford Still‹, in *Artscribe* (London), Nr. 23, S. 16–21.
Westerbeck, Colin L., Jr., ›Still Life: Clyfford Still: The Metropolitan Museum of Art‹, in *Artforum* (New York), Febr. 1980, S. 93–95.

Albright-Knox Art Gallery, Buffalo, New York, *A Memorial to Clyfford Still: Thirty-three Paintings in the Collection*, 1. Juli – 17. Aug. 1980.
Bertolo, Diane, ›Clyfford Still Paintings are Powerful, Almost Spiritual‹, in *Buffalo Evening News*, 9. Juli 1980, Teil 3, S. 39.

Los Angeles County Museum of Art, *Memorial Installation of Paintings by Clyfford Still*, 15. Juli–10. Aug. 1980.

Metropolitan Museum of Art, New York [Clyfford Still Installation], seit April 1989.

Mary Boone Gallery, New York, *Clyfford Still: Dark Hues/Close Values*, 13. Okt.–10. Nov. 1990. Kat., Text von Ben Heller.
Anfam, David, ›New York: Clyfford Still‹, in *Burlington Magazine* (London), Jan. 1991, S. 57–58.
Faust, Gretchen, ›New York in Review: Clyfford Still‹, in *Arts Magazine* (New York), Jan. 1991, S. 95.
Lewis, James, ›Clyfford Still: Mary Boone Gallery‹, in *Artforum* (New York), Jan. 1991, S. 122–23.

→

## *Gruppenausstellungen und Rezensionen*

Golden Gate International Exposition, Palace of Electricity and Communication, Gallery of Science and Art, San Francisco, *Contemporary Art of the United States: Collection of the International Business Machines Corporation* (18. Febr. 1939 – 29. Sept. 1940). Kat. (ging anschließend zur Weltausstellung 1940, New York, International Business Machines Corporation's Building, Gallery of Science and Art 11. Mai – Okt. 1940).

Art of This Century Gallery, New York *Autumn Salon*, 6. Okt. – 28. [?] 1945.

California Palace of the Legion of Honor, San Francisco, *3rd Annual Exhibition of Painting*, 1. Dez. 1948 – 16. Jan. 1949. Kat., Vorwort von Thomas Carr Howe, Jr.; Text von Jermayne MacAgy.
Fried, Alexander, ›One Juror's Views of the Legion's Third Annual‹, in *San Francisco Examiner, Pictorial Review*, 12. Dez. 1948, S. 27.

The Museum of Modern Art, New York, *15 Americans*, 9. April – 27. Juli 1952. Kat., hrsg. von Dorothy C. Miller; Statement des Künstlers.
Fitzsimmons, James, ›Fifteen More Questions Posed at the Modern Museum‹, in *Art Digest* (New York), 1. Mai 1952, S. 11.
Hess, Thomas B., ›The Modern Museum's Fifteen: Where U.S. Extremes Meet‹, in *Art News* (New York), April 1952, S. 17–19, 65–66.

Sidney Janis Gallery, New York, *9 American Painters Today*, 4.–23. Jan. 1954.

Musée national d'art moderne, Paris, *50 Ans d'Art aux Etats Unis – Collections du Museum of Modern Art de New York*, April–Mai 1955.

The Tate Gallery, London, *Modern Art in the United States: A Selection from the Collections of the Museum of Modern Art New York*, 5. Jan. – 12. Feb. 1956. Organisiert von der Tate Gallery und dem Arts Council. Kat., Vorwort von John Rothenstein und Philip James; Einführung von René d'Harnoncourt; Text von Homer Cahill.
Heron, Patrick, ›The Americans at The Tate Gallery‹, in *Arts* (New York), März 1956, S. 15–17.

Institute of Contemporary Arts, London, 1958.
Heron, Patrick, ›London: Five Americans – Pollock, DeKooning, Kline, Rothko and Still – at The Institute of Contemporary Arts‹, in *Arts* (New York), Mai 1958, S. 22–23.

The Museum of Modern Art, New York, *The New American Painting: As Shown in Eight European Countries 1958–1959*. Organisiert vom Internationalen Programm des Museum of Modern Art, New York, unter der Schirmherrschaft des International Council at The Museum of Modern Art, New York. Kat., Vorwort von René d'Harnoncourt; Einführung von Alfred H. Barr, Jr. Weitere Stationen: Kunsthalle, Basel, 19. April – 26. Mai 1958; Galleria Civica d'Arte Moderna, Mailand, 1.–29. Juni 1958; Museo Nacional de Arte Contemporaneo, Madrid, 16. Juli – 11. Aug. 1958; Hochschule für Bildende Künste, Berlin, 1. Sept. – 1. Okt. 1958; Stedelijk Museum, Amsterdam, 17. Okt. – 24. Nov. 1958; Palais des Beaux-Arts, Brüssel, 6. Dez. 1958 – 4. Jan. 1959; Musée national d'art moderne, Paris, 16. Jan. – 15. Febr. 1959; The Tate Gallery, London, 24. Febr. – 23. März 1959.
Melville, Robert, ›Spectacular Exhibition of the New American Painting at The Tate Gallery‹, in *Architectural Review* (London), Mai 1959, S. 355.

II. documenta '59, *Kunst nach 1945, Internationale Ausstellung*, Kassel, 11. Juli – 11. Okt. 1959. Kat., Einführung von Werner Haftmann.

Walker Art Center, Minneapolis, *60 American Painters, 1960: Abstract Expressionist Painting of the Fifties*, 3. April – 8. Mai 1960. Kat., Text von H. Harvard Arnason.
Read, Sir Herbert und H. Harvard Arnason, ›Dialogue on Modern U.S. Painting‹, in *Art News* (New York), Mai 1960, S. 32–36.

The Museum of Modern Art Wanderausstellung, New York, *The Collection of Mr. and Mrs. Ben Heller*, Art Institute of Chicago, 22. Sept. – 22. Okt. 1961; Baltimore Museum of Art, 3.–31. Dez. 1961; Contemporary Arts Center, Cincinnati, 22. Jan. – 25. Febr. 1962; Cleveland Museum of Art, 13. März – 10. April 1962; California Palace of the Legion of Honor, San Francisco, 30. April – 3. Juni 1962; Portland Art Museum, 15. Juni – 22. Juli 1962; Los Angeles County Museum of Art, 5. Sept. – 14. Okt. 1962.
Geldzahler, Henry, ›Heller: New American – type Collector‹, in *Art News* (New York), Sept. 1961, S. 28–31, 58.

The Solomon R. Guggenheim Museum, New York, *American Abstract Expressionists and Imagists*, 13. Okt. – 31. Dez. 1961. Kat., Vorwort und Einführung von H.H. Arnason.
Kroll, Jack, ›American Painting and the Convertible Spiral‹, in *Art News* (New York), Nov. 1961, S. 34–37, 66–69.
Picard, Lil, ›New Yorker Kunstbrief‹, in *Das Kunstwerk* (Stuttgart), Nov. 1961, S. 55–56.

Seattle World's Fair, *Art Since 1950, American and International*, 21. April bis 21. Okt. 1962. Kat., Vorwort Norman Davis; Einführung von Sam Hunter. Als *American Art Since 1950* ging der amerikanische Teil an die Brandeis University, Rose Art Museum, Waltham, Massachusetts, 21. Nov. – 23. Dez. 1963; Institute of Contemporary Art, Boston 1962. Kat., Vorwort und Einführung von Sam Hunter.

Sidney Janis Gallery, New York, *11 Abstract Expressionist Painters*, 7. Okt. – 2. Nov. 1963. Kat.

Sidney Janis Gallery, New York, *2 Generations: Picasso to Pollock*, 3. März – 4. April 1964.
Harrison, Jane, ›In the Galleries: Two Generations – Picasso to Pollock‹, in *Arts Magazine* (New York), Mai – Juni 1964, S. 39.

Sidney Janis Gallery, New York, *3 Generations*, 24. Nov. – 26. Dez. 1964.

Los Angeles County Museum of Art, *New York School – The First Generation: Paintings of the 1940's and 1950's*, 16. Juli – 1. Aug. 1965. Kat., hrsg. von Maurice Tuchman; Statements von Kritikern und den Künstlern.

The Museum of Modern Art, New York, *Two Decades of American Painting*. Unterstützt vom International Council of The Museum of Modern Art. Kat., Vorwort von Waldo Rasmussen; Texte von Irving Sandler, Lucy R. Lippard und G.R. Swenson. Weitere Stationen: National Museum of Modern Art, Tokio, 15. Okt.–27. Nov. 1966; National Museum of Modern Art, Kyoto, 10. Dez. 1966 – 22. Jan. 1967; Lalit Kala Akademi, New Delhi, 27. März – 16. April 1967; National Gallery of Victoria, Melbourne, 6. Juni – 8. Juli 1967; Art Gallery of New South Wales, Sydney, Australien, 17. Juli – 20. Aug. 1967.

Sidney Janis Gallery, New York, *Selected Works from Two Generations of European and American Artists*, 3.–27. Jan. 1967. Kat.

The Museum of Modern Art, New York, *Dada, Surrealism, and Their Heritage*, 27. März – 9. Juni 1968. Kat., Text von William S. Rubin. Weitere Stationen: Los Angeles County Museum of Art, 16. Juli – 8. Sept. 1968; The Art Institute of Chicago, 19. Okt. – 8. Dez. 1968.

The Museum of Modern Art, New York, *The New American Painting and Sculpture: The First Generation*, 18. Juni – 5. Okt. 1969.

Metropolitan Museum of Art, New York, *New York Painting and Sculpture: 1940 bis 1970*, 18. Okt. – 1. Febr. 1970. Kat., Text von Henry Geldzahler; kritische Essays von Michael Fried, Clement Greenberg, Harold Rosenberg, Robert Rosenblum und William Rubin.

Stedelijk van Abbemuseum, Eindhoven, *Kompass West Coast USA*, 21. Nov. 1969 – 4. Jan. 1970. Kat.

Pasadena Art Museum, California, *Painting in New York: 1944–1969*, 24. Nov. 1969 bis 11. Jan. 1970. Kat., Text von Alan Solomon.

Albright-Knox Art Gallery, Buffalo, *Color and Field 1890–1970*, 15. Sept. – 1. Nov. 1970. Kat., Text von Priscilla Colt. Weitere Stationen: The Dayton Art Institute, Ohio, 20. Nov. 1970 – 10. Jan. 1971 und The Cleveland Museum of Art, 4. Febr. – 28. März 1971.
Henning, Edward B., ›Color and Field‹, in *Art International* (Lugano), 20. Mai 1971, S. 46–48.

Whitney Museum of American Art, New York, *The Structure of Color*, 25. Febr. – 18. April 1971. Kat., Text von Marcia Tucker.
Ratcliff, Carter, ›Whitney Museum: The Structure of Color‹, in *Art International* (Lugano), 20. Mai 1971, S. 45.

The Corcoran Gallery of Art, Washington, D.C., *32nd Biennial Exhibition of Contemporary American Painting*, 28. Febr. – 4. April 1971. Kat., Einführung von Walter Hopps.

Robert Elkon Gallery, New York, *Twentieth Century Masters*, 2. Okt. – 4. Nov. 1971. Kat.

Sidney Janis Gallery, New York, *Abstract Expressionism and Pop-Art*, 9. Febr. bis 4. März 1972.

University Art Museum, University of Texas, Austin, *Color Forum 1972*, 27. Febr. bis 16. April 1972. Kat.

Robert Elkon Gallery, New York, *Twentieth Century Masters*, 30. Sept. bis 2. Nov. 1972. Kat.
Ratcliff, Carter, ›New York Letter: Robert Elkon Gallery, 20th Century Masters‹, in *Art International* (Lugano), Jan. 1973, S. 58.

Des Moines Art Center, *Twenty-five Years of American Painting, 1948–1973*, 6. März – 22. April 1973. Kat., Einführung von Max Kozloff.

Seattle Art Museum, *American Art: Third Quarter Century*, 22. Aug. – 14. Okt. 1973. Kat., Text von Jan van der Marck.

Oakland Art Museum, California, *A Period of Exploration: San Francisco 1945–1950*, 4. Sept. – 4. Nov. 1973. Kat., Einführung von Terry N. St. John; Text von Mary Fuller McChesney.

The Museum of Fine Arts, Houston, *The Great Decade of American Abstraction: Modernist Art 1960–1970*, 15. Jan. – 10. März 1974. Kat., einführender Text Philippe de Montebello; Text und Katalog von E.A. Carmean, Jr.

San Francisco Museum of Modern Art, *Painting and Sculpture in California: The Modern Era*, 3. Sept. – 21. Nov. 1976. Kat., Texte von Henry T. Hopkins. Weitere Station: National Collection of Fine Arts, Smithsonian Institution, Washington, D.C., 20. Mai – 11. Sept. 1977.
Wright, Martha, ›Washington Letter: Painting and Sculpture in California, the Modern Era‹, in *Art International* (Lugano), Okt. – Nov. 1977, S. 53–54.

The Museum of Modern Art, New York, *The Natural Paradise: Painting in America 1800–1950*, 1. Okt. – 30. Nov. 1976. Kat., hrsg. von Kynaston McShine; Texte von Barbara Novak, Robert Rosenblum und John Wilmerding.
Frankenstein, Alfred, ›Antagonistic Howls Arise from ›Paradise‹, in *San Francisco Examiner and Chronicle, This World Magazine*, 28. Nov. 1976, S. 41.

The Solomon R. Guggenheim Museum, New York, *Acquisition Priorities: Aspects of Postwar Painting in America; including Arshile Gorky: Works 1944 bis 1948*. 15. Okt. 1976 – 16. Jan. 1977. Kat., Vorwort von Thomas M. Messer.

Robert Elkon Gallery, New York, *Six American Painters*, 1. Okt. – 10. Nov. 1977. Broschüre.
Ratcliff, Carter, ›New York Letter: Robert Elkon Gallery, Six American Painters‹, in *Art International* (Lugano), Dez. 1977, S. 71.

Herbert F. Johnson Museum of Art, Cornell University, Ithaca, New York, *Abstract Expressionism: The Formative Years*, 30. März – 14. Mai 1978. Kat., Einführung von Thomas W. Leavitt und Tom Armstrong; Texte von Robert Carleton Hobbs und Gail Levin. Weitere Stationen: Seibu Museum of Art, Tokio, 17. Juni – 12. Juli 1978; Whitney Museum of American Art, New York, 5. Okt. – 3. Dez. 1978.

Betty Parsons Gallery, New York, *Group Exhibition*, 11.–22. Dez. 1982.

Richard L. Nelson Gallery and Fine Arts Collection, gemeinsam mit der Memorial Union Art Gallery, University of California, Davis, *Directions in Bay Area Painting: A Survey of Three Decades, 1940's–1960's*, 12. April – 20. Mai 1983. Kat., Text von Joseph Armstrong Baird, Jr.
French, Christopher, ›Developing Bay Area Pluralism‹, in *Artweek* (Oakland, Calif.), 7. Mai 1983, S. 5.

The Oakland Museum, California, *Art in the San Francisco Bay Area: An Illustrated History, 1945–1980*, 15. Juni – 18. Aug. 1985. Kat., Text von Thomas Albright.
French, Christopher, ›Art in the San Francisco Bay Area‹, in *The Museum of California* (Oakland, Calif.), Juli – Aug. 1985, S. 12–16.
Van Proyen, M., ›Commemorating a Critic's Eye‹, in *Artweek* (Oakland, Calif.), 13. Juli 1985, S. 1.

The Tate Gallery, London, *Forty Years of Modern Art 1945–1985*, 19. Febr. bis 27. April 1986. Kat., Text von Ronald Alley.
Julius, Muriel, ›Forty Years of Modern Art 1945–1985‹, in *Contemporary Review* (London), Mai 1986, S. 267–70.

Art Gallery of Western Australia, Perth, *America: Art and the West*, 11. Dez. 1986 – 21. Jan. 1987. Kat., Texte von Celeste Mary Adams, Franklin Kelly und Ron Tyler. Weitere Station: Art Gallery of New South Wales, Sydney, 6. Febr. – 5. April 1987.

Albright-Knox Art Gallery, Buffalo, New York, *Abstract Expressionism: The Critical Developments*, 19. Sept. – 29. Nov. 1987. Kat., Texte von Lawrence Alloway, Michael Auping, Ann Gibson, Donald Kuspit, Michael Leja, Marcelin Pleynet, Richard Shiff und David Sylvester; Chronologie von Beryl Wright.

# Photonachweis

Albright-Knox Art Gallery, Buffalo S. 22, 23, 29, 31, 155
Gallery Paule Anglim, San Francisco S. 94
Ben Blackwell Tafeln 41, 42, 45, 48, 49, 51, 52, 55-57, 59, 62
E. Irving Blomstrann, New Britain, Conn. S. 88
California School of Fine Arts S. 91
Biff Henrich, Buffalo Tafeln 1-33
Dick Myers, Westminster, Md. S. 147, 152
Hans Namuth Frontispitz, S. 24
Robert Neuhaus, Walnut Creek, Cal. S. 86
The Oakland Museum S. 95 links
Öffentliche Kunstsammlung, Basel S. 10
Eric Pollitzer, Garden City Park, N.Y. S. 144 links oben
Richmond Art Center S. 96 links
San Francisco Museum of Modern Art Tafeln 34-40, 43, 44, 46, 47, 50, 53, 54, 58, 60, 61, 63
Joe Schopplein S. 164
F. Wilbur Seiders S. 149
Aaron Siskind, New York S. 151
Lord Snowdon S. 163
Patricia Still S. 165
Sandra Still S. 8, 11, 83 (nach Tafel 33), 143, 144 rechts oben und links unten, 154, 161, 162